HOY

ExLibric

JOSEP PUIG SOLDEVILA

HOY

EXLIBRIC
ANTEQUERA 2025

HOY
© Josep Puig Soldevila
Diseño de portada: Dpto. de Diseño Gráfico Exlibric

Iª edición

© ExLibric, 2025.

Editado por: ExLibric
c/ Cueva de Viera, 2, Local 3
Centro Negocios CADI
29200 Antequera (Málaga)
Teléfono: 952 70 60 04
Fax: 952 84 55 03
Correo electrónico: exlibric@exlibric.com
Internet: www.exlibric.com

ISBN: 979-13-87707-81-1
Depósito Legal: MA 949-2025

Impresión: PODiPrint
Impreso en Andalucía – España

Nota de la editorial: ExLibric pertenece a Innovación y Cualificación S. L.

JOSEP PUIG SOLDEVILA

HOY

Prólogo

Este libro es para mí una carrera académica de cuatro años, con la ayuda de las vivencias vividas, las circunstancias de la época, las reflexiones y, sobre todo, el aprendizaje para poder encontrar quién y cómo soy para, a partir de eso, hacer cambios y crecer.

En el pasado había intentado escribir, pero no fui capaz, sobre todo para no remover el dolor. Durante la pandemia pensé que era el momento para revivir mi vida. Fueron momentos para reflexionar, entender el porqué de todo esto y analizar qué hacer para encontrarme mejor.

El libro lo acabo justamente cuando me siento mejor que nunca, no por cuestiones materiales, sino de bienestar y felicidad. Ahora me veo capaz de poner en práctica todo lo que he aprendido y disfrutar de los que me rodean y de los que quieran estar conmigo.

Tengo ganas de vivir, aunque no sé de cuánto tiempo dispongo, pero aunque sea un minuto, lo disfrutaré. Usaré la familia, los pocos amigos que tengo, la parte social que me gusta y mis gustos. Me siento con ilusión por todo lo que tengo en curso y por todo lo que pueda generar. La vida es fantástica a pesar de los tropiezos.

Solo lamento que Edu, Cristina, mis padres, mis abuelos, mis suegros y algunos amigos entrañables los tenga que tener de una manera diferente, pero estoy seguro de que ya hace tiempo que lo comparto todo con ellos y de alguna manera me han ayudado.

Todos los libros que he leído me han servido para contrastar mis realidades de cada momento, del camino de mi vida, un camino que para mí no se acaba nunca.

Me sabe mal dejar de escribir, pero ya me he licenciado con matrícula de honor; si no, ya lo veréis.

Ahora tengo trabajo... conmigo y para mí y con vosotros y para vosotros.

Un abrazo y hasta siempre.

Hoy, 8 de mayo de 2020, a las once y veinte de la mañana, en medio de una situación dramática por la COVID-19, con más de doscientas muertes diarias y con una situación económica durísima a nivel mundial, me he decidido a escribir mi primer libro.

En estos momentos tengo sesenta años, me encuentro muy bien de salud y, sobre todo, estoy leyendo un libro, *Aprendiendo de los mejores*, que me ayudará a mejorar como persona.

Ya hace unos meses me puse en manos de una *coach*, Mónica, quien, con su amabilidad y tranquilidad, ha hecho que sea capaz de despertar de dudas, de saber qué siento, cómo soy y qué quiero.

La conocí gracias a un amigo mío porque estaba en una etapa en la que no sabía qué camino elegir, tanto en el ámbito personal como en el profesional: vivir solo o con pareja, vender la empresa o trabajar menos y hacer jornada intensiva para tener tiempo para llenar de cosas que no tenía nada claras. Estaba realmente perdido.

Lo más importante que pensé y que tenía que implementar inmediatamente era escuchar más y hablar menos. Si escuchas, puedes entender mejor a las otras personas y, por lo tanto, además de poder ayudar si lo necesitan, demuestras interés por la persona y automáticamente ella se siente mejor.

También me ha ayudado a pensar menos y a tener más calidad de pensamiento. El control del pensamiento, sobre todo en positivo, es básico para hacer cambios para mejorar. Hace poco, supe que las personas tenemos más de sesenta mil pensamientos diarios y la mayoría perjudiciales; por lo tanto, es vital un control de los mismos, apartando a los que nos hacen daño.

Después de varias sesiones con Mónica, me salió hablar de la tristeza. La tristeza es un sentimiento que tengo instaurado en mí desde hace muchos años, motivada principalmente por una pérdida que más adelante trataré y, seguramente, por otras cosas. No puedo decir que la haya superado, pero sí la estoy tratando y soy capaz de aceptarla, primer paso importante para encontrar liberación.

Me preocupaba mucho la parte espiritual. Mi educación es católica y, con el paso de los años, las diferentes circunstancias de la vida han hecho que mis creencias, influenciadas también seguramente por otras personas, hayan ido cambiando sin ninguna razón o criterio.

Hoy lo tengo muy claro: somos cada uno de nosotros quienes tenemos la capacidad de conseguir lo que queremos desde la bondad, el amor, la perseverancia, la paciencia, la amabilidad, la actitud, y solo de esta manera, y con objetivos en los que realmente tenemos que creer, el universo y la naturaleza nos lo ponen todo en nuestras manos.

A nivel profesional, a pesar de la situación actual de la CO-VID-19, que es terrible, estoy muy ilusionado por el equipo que somos y por la cantidad de proyectos que se han abierto por el solo hecho de estar pensando en cómo podemos ayudar a nuestros clientes y, a la vez, proponer nuevos productos de valor para la totalidad del mercado.

Hay que decir que estamos en el sector del agua, que solo llevamos cuatro años y que nuestra obsesión es hacer bien las cosas, mejorarlas hasta la excelencia y servir a los clientes.

El secreto de esta aventura empresarial es haber encontrado unos extraordinarios compañeros de viaje: mis hijos Agus y Edu, «que siempre está con nosotros», e Iván, junto al resto de las treinta y una personas que hoy somos KMZero Water.

Mi cargo en la compañía es el de director general, pero lo que soy realmente es un comercial con mucha experiencia y con muchos errores en mi vida. Tengo auténtica pasión por la venta. Después de muchos años y de haber probado hacer otras cosas, al final lo que sé hacer es vender.

He de decir que, para mí, la venta es tener buenos productos y ofrecerlos desde la honradez, la verdad, la confianza y el asesoramiento, con una visión de servicio y de ayuda al cliente. Tengo una auténtica obsesión, con un ADN concreto e innato que me identifica, para hacer las cosas bien.

Hace unos meses hice un clic vital a raíz de una fuerte discusión con Iván. Por culpa de mi ego, pude provocar unos cambios de jerarquía donde yo me convertía en la única persona con poder ejecutivo y de decisión. Esto supuso una pelea dialéctica importante y peligrosa. Todavía no sé por qué, rápidamente reaccioné y pedí perdón a Iván y, desde ese día, he entendido que tengo que dejar libertad de creación y de criterio a aquellas personas que no hacen nada más que demostrarme implicación y amor por mí y por la compañía.

La lección que estoy trabajando, y que me está costando mucho, es que el ego no me traicione. Tengo mucha tendencia a cogerme las cosas de forma personal; me siento fácilmente agredido.

Hoy soy una persona agradecida y confiada, a veces demasiado, pero me siento bien y puedo decir que cada día soy feliz.

★★★

Este jueves 14 de mayo ha sido uno de los días más felices de mi vida. Los hermanos nos hemos reencontrado sentimental y emocionalmente; mis «hijos» Agus y Nuria nos han dicho, de una manera muy divertida y emotiva, que serán padres de una niña, Siena.

Ya tengo más cosas para agradecer cada día cuando salgo de la cama y pongo los pies en el suelo. La etapa que estoy viviendo, en la que el encierro y la naturaleza son receptores de lo que deseo desde dentro de mí, está llena de alegrías, satisfacciones, bienestar e ilusión por lo que vendrá. Tengo muchas ganas de vivir y disfrutar cada momento con todos los que amo.

Hoy también es el momento de empezar a vivir los inicios de lo que recuerdo. Los primeros recuerdos son de cuando tenía tres años. Jugaba en la habitación trasera de la casa donde nací mientras mi madre cosía. Estaba en el suelo y, estirando los brazos, abría un cajón estrecho y largo de la máquina de coser, donde había un paquete de chicles de menta. Es el primer sabor que recuerdo.

El primer olor, y del que tengo memoria, es el de mi almohada: inconfundible. Podían poner mi almohada entre muchas otras, que siempre sabía cuál era la mía.

El tacto del peine con el que peinaba a Josefina, con todo el pelo mojado en Can Buxó, también forma parte de aquellos primeros recuerdos relacionados con los sentidos.

Las primeras imágenes que tengo más grabadas son de la casa de Can Buxó: los cascos de ir en moto de Antonio y de Concepción, el aseo con el estercolero debajo, junto con el pajar y las carretas de gitanos en la carretera que bordeaba la finca.

Me gustaba cantar y la primera canción que recuerdo —y está en una grabación— decía: *Jo tinc una jupa toda de bellut. No es nova ni es vella, pero hi cabu tot just. Ay pobre de mí s'ha m'ha esparrecat.* La aprendí en aquellos geniales veranos en Can Buxó, con la familia y los amigos que tanto nos apreciábamos.

Jordi y su madre, Serafina, la familia Cotrina, los Sanichas y los primos Xavier y Josep eran entrañables y nos lo daban todo para que nos sintiéramos bien y volviéramos cada verano.

El motivo de pasar los veranos en Vinyoles fue que yo, a los dos años, estuve enfermo, y el médico de cabecera, el doctor Faus, recomendó a mis padres que hiciéramos un cambio de aires. Se pusieron en contacto con sus primos y nos propusieron ir a pasar unos días con ellos.

Mi abuelo nació en Orís, un pequeño pueblo muy cerca de Vinyoles. Él fue clave para organizar la estancia en casa de sus primos y donde, después de unos años, alcanzó su sueño de construir una casa en la zona donde él se había criado.

La casa, la Torra, era inicialmente una planta baja muy espaciosa, confortable y con un mobiliario muy peculiar de la época y que hoy, después de más de cincuenta años, todavía conservamos. El enorme patio donde jugábamos a fútbol con la *colla* y una casa lindante que mi abuelo compró, donde más adelante se transformó en un comedor de verano y un garaje en la parte inferior, hacen un lugar idílico para comidas familiares o con amigos.

Desde mis seis años hasta los diecisiete fue el lugar de vacaciones familiar de veranos, de inviernos y con mi madre. Mi padre subía dos veces a la semana, nos llevaba provisiones y dormía con nosotros los miércoles y los sábados.

En el pueblo no creo que vivieran más de doscientas personas. Es un pueblo de campo con una gran industria de cableado eléctrico llamada La Farga/La Cambra. Sus trabajadores, la mayoría forasteros, vivían en un complejo llamado la Sicop.

La Cambra tenía una escuela de fútbol muy importante en la comarca, de la que salían jugadores para equipos como el Barça y el Español. Tuve la suerte de entrenar con ellos, ya que los entrenadores, Salvans y Ramón Tuneu, eran amigos de la familia.

★★★

Hoy, 19 de mayo, ha sido un gran día. Finalmente me siento liberado internamente, sin ninguna sensación de deuda con nadie. Me explicaré.

Hace dos semanas, los hermanos y yo tuvimos una fuerte discusión referente a la herencia de nuestra madre. Hace unos años dispuse de una parte del patrimonio con el consentimiento de nuestros padres. Todos ellos consideraron que estaba en deuda. Esta parte del patrimonio la perdí y, por lo tanto, seguía en deuda. Después vendí un piso, que era garantía de un dinero que me dejó nuestro padre. Aunque me hice cargo de la plusvalía de la parte del patrimonio que dispuse y que la familia hubiera tenido que soportar más adelante, seguía en deuda.

Finalmente, con el último reparto acordado entre todos y desde mi aceptación y agradecimiento expresado a cada uno de los hermanos y a mi sobrino, siento internamente que mi deuda está zanjada.

Voy a pedir perdón a todos ellos por haberme dejado llevar por mi ego y por haber faltado al respeto a algunos de ellos.

Eso pasó hace unos días, pero hoy, una vez cerrado lo que tengo que pagar en junio en cuanto al incremento de patrimonio de la venta del piso, más el pago al arquitecto que ha hecho los trámites para legalizar la casa familiar, siento que, aunque no tengo dinero, lo mejor está por llegar. Y, sobre todo, me siento… libre.

★★★

De mi familia, los recuerdos más lejanos son los de los abuelos Puig y Rita. El abuelo Puig era un hombre sencillo y serio, al que veía cuando íbamos a jugar a la Miralda y los domingos, después de misa de las doce, cuando venía a casa de mis padres a ver a mis otros abuelos. El recuerdo más desagradable que tengo con él fue una bofetada que me dio por haberle replicado. Mi padre no estaba, pero cuando llegó y mi madre le explicó lo que había sucedido... me castigó.

El primer llanto desconsolado que recuerdo fue cuando murió el abuelo Puig. Debería tener unos siete años. Mis hermanos y yo lo vimos unas horas antes de morir. Por la noche me dijeron que no lo volvería a ver y yo no podía parar de llorar.

De él, hoy todavía veo sus tupidas cejas, las gafas graduadas, la cara redonda, la boina, su camión con tejado encima de la cabina... Lo veo en la zona del huerto de la Miralda, donde ponían cebollas en cajas para llevarlas al Borne. Era un hombre de pocas palabras, con genio, pero bueno.

La abuela Rita, pequeña, de cabello rizado blanco y con un moño, nos trataba muy bien cuando íbamos a visitarles. Sus meriendas eran espectaculares: pan con chocolate, crema catalana con pan o pan con vino y azúcar. Creo que nunca nos riñó. Sus ojos azules eran expresivos; sobre todo, reflejaban humildad.

Los años que fuimos todos los sábados por la tarde fueron geniales. La Miralda era una casa enorme, con unos paseos de castaños espectaculares. Había también un frontón, unos lagos y una glorieta que daba a la carretera como mirador. El huerto de cultivo y la cuadra del caballo hacían un complemento idílico de esa finca.

Nosotros paseábamos con las bicis por aquellos largos paseos hasta la hora de merendar, y luego mirábamos las series de dibujos animados en la TV.

El otro abuelo, Pepet, nos llevaba con un triciclo conducido por Vicens. La casa de masoveros de la Miralda donde vivían mis abuelos tenía un recibidor que giraba a la derecha para empezar un largo pasillo. En la izquierda del pasillo había un despacho con un teléfono colgado y un inodoro. A la derecha estaba la cocina y tres habitaciones, con una pica para lavar las manos en cada una de ellas.

Al final del pasillo, a mano izquierda, había una puerta oscura que daba al garaje. A mí esa puerta me daba miedo. El garaje era grande y con un ascensor a la izquierda para subir a casa a los señores, que a mí también me aterraba. Al fondo, una puerta del garaje; a la derecha, una mina de agua, y más a la derecha, una puerta de color verde por donde sacábamos las bicicletas.

Solo los tres mayores —Rafel, Ramón y yo— disfrutábamos de la Miralda. Nuestro otro hermano, Carlus, todavía no, porque era muy pequeño. Además de jugar con las bicicletas, también jugábamos al fútbol en el frontón.

Otros recuerdos que tengo de la Miralda son los increíbles pesebres, con cascada de agua incluida, que hacía un ahijado de los abuelos que se llamaba Josep; el armario colgado en el comedor con los vasos para beber con estrellas de colores; la chimenea en la cocina de fogones de carbón; los paseos en redondo que hacía el mozo con el caballo, previo a su muerte…

Eran las cosas que hacían que los sábados fueran un privilegio para unos niños de los años sesenta.

★★★

Esta tarde de primeros de junio es lluviosa y, en general, el día ha sido intenso. He tenido una reunión con Agus e Iván. Me ha costado mucho sacarlos del desánimo causado por la cantidad de temas de la empresa sin resolver: un competidor pretende que cambiemos nuestra marca porque la suya se pronuncia igual que la nuestra; eso acabará en los juzgados. En el momento de crisis sanitaria en el que nos encontramos, tenemos que lanzar nuevos proyectos y, aunque tenemos las ideas, no sabemos cómo hacerlo. Por otro lado, tenemos mucha estructura y casi nada de facturación, y eso crea incertidumbre y mucha inseguridad.

Hay muchos temas que dependen de terceras personas, sobre todo de nuestro proveedor principal: el tema de la marca, de la que él es propietario; la financiación para poder aguantar más tiempo hasta que la crisis retroceda; el reinicio de la actividad de nuestro sector principal, que es la hostelería…

El ejercicio que me cuesta más, pero que tengo claro, es el de simplificar. Quiero decir, no dejarme llevar por la saturación que representa pensar en todos los temas que nos preocupan, sino cogerlos de uno en uno y tratar de encontrar una solución. Creo que, de esta manera, y con paciencia, se irán resolviendo todos.

Tengo una gran suerte, y doy gracias cada día, de tener a Agus e Iván como socios/amigos para compartir diariamente el trabajo, la ilusión, el compromiso y la energía que nos da el proyecto que tenemos entre manos desde hace cuatro años.

Hace un rato hablaba con Mónica y le decía que, a pesar de las muchas dificultades que tengo/tenemos, me siento bien, con ilusión, ganas, fuerza y sin miedo. He de tirar de mi máxima de «si hacemos bien las cosas, nos volverán para bien».

En estos momentos que estoy viviendo, me siento feliz cada día, doy gracias por todo e intento controlar mi ego. Lucho por ser cada día mejor, tener una conciencia limpia y aportar todo lo mejor que tengo para ayudar a los demás.

Ayer por la noche miraba una película donde un padre se despedía de su hija antes de morir y le decía que a menudo la iría a ver, y me puse a llorar desconsoladamente porque, a pesar del buen momento que estoy viviendo a todos los niveles —hasta decir que cada día soy feliz—, tenía el sentimiento de que me estaba olvidando de Edu.

Hoy, 5 de junio —por cierto, hace cincuenta y cuatro años de mi primera comunión—, he conectado de una manera total con él.

Me ha hecho sentir que siempre me acompaña, que siempre está, que no puede hacer que pasen las cosas tal y como las queremos, pero sí hacerme dar cuenta de que, si creo en mí y tengo fe, puedo aceptar y encarar todas las cosas que pasen.

He dado un paso de gigante al saber quién soy, qué quiero y el secreto de cómo hacerlo. He hecho un repaso de cómo era y cómo soy, de mis debilidades de años atrás y cómo las estoy enderezando.

Mentía, y digo la verdad. Engañaba, y ya no lo hago. Traicioné, y nunca más lo haré. Quería agradar, y ya no me hace falta. Tengo mucho ego, y me esfuerzo en controlarlo.

Lo que quiero de todo corazón, y no me cansaré de repetirlo, es hacer bien las cosas. Amar y ser amable es imprescindible para mí.

En lo referente a los miedos, he ganado en seguridad y ya no pienso ni especulo, porque al final no puedo controlarlo todo y tengo que encarar las cosas tal y como vengan.

En estos tres meses especiales por la crisis sanitaria, he hecho unos cambios muy importantes en mi vida. He ido a vivir con Lourdes y sus hijos; nos sentimos todos muy bien. He cogido el hábito de leer cada día, me siento orgulloso de que seré abuelo y de que Agus y Nuria están viviendo en la última casa familiar en la que estuvimos los cuatro. Por cierto, seré abuelo de un niño que se llamará Apolo.

A nivel de trabajo, me he encontrado con el rol que buscaba: observarlo todo con perspectiva, aconsejar, influir indirectamente en la gente sin que se den cuenta, motivar, elogiar, hacer equipo, escuchar, estar abierto a otras opiniones, pensar que todo son oportunidades y aprendizajes…

En el ámbito del ocio, hago media hora de ejercicio diario, estoy disfrutando con el pádel y el golf, y ahora mismo voy a buscar a mi madre para ir a tomar un café con leche. Es el primer día que mi madre sale después del confinamiento por la COVID-19.

★★★

Desde los tres años hasta los seis estudié en las monjas. Me acompañaba mi madre e íbamos por delante de la fábrica de tejidos de Can Perutxo. Todavía siento el ruido de los telares.

Mis amigos entonces eran Josep M.ª, Salvador y Jesús. Estos eran los preferidos, pero me hacía con todos, Joan, Royo, Carles... Josep M.ª y Joan tenían mucha intriga para saber qué se podía sentir haciendo un beso en los labios de una niña. Probaron a tocar lengua con lengua y fue muy desagradable. Pensaron que no podía ser así y hacerlo con una niña tenía que ser mucho mejor.

La monja que más recuerdo es Sor María Teresa, joven, guapa y que sabía jugar muy bien al fútbol.

Tengo buenos recuerdos de esta etapa. Hacíamos teatro, *Marcelino, pan y vino,* y de vez en cuando nos pasaban unas proyecciones de niños del África compartidas con niñas más grandes de la escuela. A mí me gustaba mucho Mercedes, la hacía reír.

La capilla me encantaba, tenía mucha luz y en el altar había unas puertas disimuladas con la pared y las pinturas. Para mí eran como puertas secretas que no sabía dónde llevaban.

El punto y final de este periodo fue la primera comunión, el 5 de junio de 1966. Hace pocos días encontré el anillo y actualmente lo llevo.

★★★

Mi segunda etapa escolar abarcó de los siete a los dieciséis años, las Escuelas Pías de Mataró. Mis dos hermanos mayores y yo nos quedábamos a comer. A las siete de la mañana nos venía a buscar un autobús de la escuela y a las siete de la tarde nos devolvía a casa. Íbamos a la escuela de lunes a sábado por la mañana y, si en el transcurso de la semana hacíamos alguna gorda, nos quedábamos también el sábado por la tarde.

No fui buen estudiante, no trabajaba. Es algo que no aconsejo a nadie, porque se sufre, siempre con la angustia de suspender y que en clase no te preguntaran ya que no sabía nada.

Lo aprobé siempre todo hasta quinto y sexto de bachillerato, donde las mates y la física me llevaban por el camino de la amargura. El último año hice el sexto con una asignatura de quinto en una academia de Barcelona. Después de eso, fui voluntario a la Mili.

Los problemas con los estudios fueron totalmente míos y me aproveché de que mis padres no estaban encima mío para saber lo que me pasaba y los problemas que tenía. Mis padres no se reunían con los profesores ni tampoco controlaban los deberes que tenía que hacer. Si suspendía, hacía clases de repaso tanto en verano como en invierno.

Creo que tanto mi padre como mi madre lo vivieron al igual que cuando ellos eran pequeños e hicieron con nosotros lo mismo que sus padres hicieron con ellos. Posiblemente era debido a un problema generacional.

Lo mejor de esta etapa de educación fue el respeto en general a las personas mayores, a la familia y a los compañeros.

No estoy nada de acuerdo con la metodología, que era de castigo, a menudo físico. Había un exceso de religión injustificado, ningún ejemplo y ninguna motivación para que fuéramos a la escuela con convicción. Incluso la clase de educación física era una tortura: gritos, golpes, etc.

Mis amigos de esa época eran Jaime y Francisco. Uno de los primeros días de estar con los nuevos compañeros, fuimos a jugar al fútbol a Laietana y los pude impresionar a todos con una jugada. Creo que aquello me ayudó a ser rápidamente aceptado.

Realmente esta etapa escolar fue gris, la recuerdo como forzada, sin ilusión. Los días pasaban llenos de miedos e inseguridades. En clase solo pensabas que no te hicieran salir a la pizarra; el patio estaba monopolizado por los mayores, los pequeños jugábamos al fútbol con chapas o pelotas pequeñas de Nesquik, pero el bocadillo de tortilla fría para desayunar... era lo mejor. Sin embargo, la comida era un suplicio: camareros sucios y mal educados que se rascaban la cabeza con la horquilla de servir y tosían en la cuchara de poner la sopa. A menudo poníamos la comida en una bolsa para tirarla o, incluso, había llegado a ver cómo algunos niños lo tiraban por la ventana.

Llegar por la noche a casa era fantástico, aunque entonces tocaba hacer deberes, cenar y dormir. No tengo recuerdos especiales de profesores, únicamente la elegancia en el vestir y en el trato de Romeu, el profesor de física y química.

Hoy, afortunadamente, la escuela es diferente en todos los sentidos.

Lo pasé mal con la vista, no veía bien. No quise decir ni a mis padres ni a mis profesores que tenía dificultades de aprendizaje, de motivación, de metodología de estudio y que estaba realmente mal.

Creo que un *coach* de hoy me hubiera ido bien. Mi carácter en aquellos tiempos era tímido y observador; huía de los conflictos y pasaba siempre desapercibido. Ahora tengo la sensación de haber desaprovechado el tiempo. Solo tenía ganas de que llegara el sábado por la tarde para jugar en el patio de casa al fútbol con los amigos y mis hermanos.

Me doy cuenta de que parte de mis carencias vienen de esa época; a veces todavía me sale esa inseguridad en mí mismo, miedo a no saber hacer.

La clave hubiera sido hablar, no conformarme con sentirme mal, luchar por cambiar. Cuando te sientes perdido, tienes que hacer algo para mejorar. Lo peor es no hacer nada, y yo no hacía nada.

★★★

He pasado un mes disperso. No he sido constante con el ejercicio diario, no he leído y me han absorbido las dificultades en diferentes temas profesionales. Tenemos problemas con la marca. El propietario nos la quería ceder por interés nuestro, pero parece que se lo está pensando, ya que un cliente suyo, que a su vez es propietario de una marca parecida, los denunció y pretende que nosotros dejemos la marca para estar solos en un mercado muy interesante y en el que nosotros hemos hecho un buen trabajo en estos últimos años.

Hemos decidido que incorporaremos la coach como ayuda para los tres socios y el resto de personal para que nos oriente en el crecimiento que estamos teniendo y el desarrollo de nuevos proyectos.

Este pasado mes de julio, y justo antes de las vacaciones de agosto, nos hemos reunido con el presidente y el director general de nuestro proveedor principal en un almuerzo en un restaurante de Vallromanes para comunicarnos sus intenciones de comprar la marca del competidor y darnos la marca a nosotros. Una gran noticia para nosotros y que resuelve un tema conflictivo. Agus, Iván y yo estamos muy ilusionados y creemos que eso marcará en positivo nuestro futuro.

A nivel personal, nuestra madre ha sido ingresada en el hospital una semana por una infección de orina, pero ya vuelve a estar en casa.

La lectura de este último susto con nuestra madre es que tenemos que hacerle mucha compañía, que no tiene que estar sola y que tenemos que disfrutar de ella todo el tiempo que podamos.

Mi hermano mayor se ha jubilado. Tenía muchas ganas y está muy contento. La familia le queremos preparar una fiesta sorpresa en Vinyoles; nos cuesta ponernos de acuerdo con la fecha, pero lo pasaremos bien.

Mi adolescencia fue diferente a la de mis hermanos, quizá por ser el pequeño de los dos mayores. Me pasaba las tardes después de la escuela y los fines de semana en Can Salellas con Joan, con Vila y con David.

Can Salellas era una casa de payés en medio del pueblo, propiedad del padre de Joan y que usamos durante seis años antes de que hicieran los pisos que hay hoy en día.

¡Era una casa fantástica para nosotros! Teníamos dos habitaciones «tuneadas» para hacer fiestas. El patio era muy grande para poder jugar al fútbol y también teníamos un circuito para ir en moto. El primer hito importante para nosotros fue poner en marcha una Ossa 150 cc abandonada y dada de baja del tío de Joan. La noche que conseguimos ponerla en marcha, llovía. Joan, Vila y yo subimos a Font de Cera y, en la bajada, cogimos los 150 km/hora. No llevábamos cascos y nuestras familias todavía no lo saben.

Fue una etapa en la que los cuatro éramos terribles: habíamos robado en el casal luces para nuestra sala de fiestas y, en el taller mecánico del pueblo, herramientas para arreglar las motos; cuando íbamos a jugar a las salas recreativas, hacíamos trampas; comprábamos latas de cien cigarrillos de la marca Ducados y, en el banquillo del fútbol, nos los fumábamos… nuestros padres no sabían qué hacer con nosotros.

Estas «gamberradas» solo se detenían cuando yo iba a Vinyoles, pero yo seguía haciendo todo lo que no se podía hacer. Recuerdo coger con trece años el coche de mi hermano Rafel, de noche y por la carretera general, para impresionar a una niña que me gustaba.

Lo único que creo que hacíamos bien era jugar al fútbol; primero con un equipo que hizo Fede y después con el Alella. Éramos buenos jugadores y nos sirvió mucho para relacionarnos con gente diferente.

A nivel emocional, estuve absolutamente enamorado de Imma. Todo comenzó cuando llegamos a Vinyoles el año de 1971, nos encontramos por la tarde y estuvimos hablando más de dos horas. Había llegado de unos días de vacaciones y me explicaba sus vivencias y experiencias de esos días. Yo solo escuchaba con interés y disfrutaba de que una persona mayor que yo, a quien admiraba y con un físico espectacular, se encontrara a gusto conmigo.

Aquel verano fue increíble, pero frustrante porque se acabó y no fui capaz de decirle lo que sentía. El siguiente verano ya no estaba, se fue a Inglaterra por cuatro años y fue horroroso cómo la eché en falta. Fue el primer gran disgusto de mi vida.

Lo que sentía por Imma fue la primera vez que lo experimentaba en mi vida. Quería estar siempre con ella. Aunque sabía que no la vería, hacía muchos viajes a la habitación de mis abuelos para ver si pasaba por la calle.

Todavía recuerdo su expresión alegre, su sonrisa, la mirada viva, un caminar peculiar y, sobre todo, que estaba por mí.

Creo que sabía que la quería, pero respetó que nunca se lo dijera. La diferencia de cuatro años a la edad de doce es muy grande y los dos, de maneras diferentes, sabíamos que era una relación imposible.

Al finalizar el año, lloré mucho de nostalgia. La he vuelto a ver muchas veces y no le he dicho nunca nada, pero sigo encontrando en ella una esencia que me gusta.

La colla de Vinyoles era fantástica: Ramón y Teresa de Can Font, Estrella, Ramona, Situs, Bigotis y la barcelonina, Jordi, los hermanos Sanichas, las hermanas M.ª Rosa y Fina, Josep y Xavier, Inma, Marta, Mercé, Loli, Eugeni, los hermanos Peláez... Mariano y el rector del pueblo, que venían a jugar al fútbol en el patio de la Torra, eran el complemento diario para hacer una tarde-noche extraordinaria. Las fiestas, las visitas al cine en Manlleu, los juegos en casa la Torra y las salidas a la Disco Danatela o los encuentros en el Bar Montecarlo fueron una etapa muy feliz para mí.

★★★

Hoy, 4 de agosto, estoy en Vinyoles con mi madre y la María. Estoy agradecido de poder disfrutar de mi madre y haré todo lo posible para que se sienta bien.

Volveré a hacer ejercicio diario, a tomar el sol un rato, a leer dos libros, *Deja de ser tú* y *Tus zonas erróneas*, a bañarme y a meditar.

La casa está igual que siempre, los muebles son los mismos y, en general, el pueblo sigue siendo tal y como lo recordaba. Aunque venimos con la familia y amigos a hacer comidas, tengo la sensación de que no han pasado cincuenta años; parece que cada cosa que hago o pienso tenga algo de entonces.

El verano se está acabando. Ha estado bien, he tomado el sol media hora casi cada día, he jugado mucho a golf, con Lourdes hemos salido a cenar, hemos ido a Andorra con Gerard y Julia y la convivencia ha sido buena... Por lo tanto, no me puedo quejar y, sobre todo, mi madre se encuentra bien.

Ha sido un verano diferente de los demás y único en mis sesenta y un años, ya que no ha habido fiesta mayor, ni fiesta de la vendimia, ni festividad por la maldita COVID-19.

★★★

Hoy, 15 de septiembre, se ha producido un hecho muy relevante para la familia: Agus y Nuria se quieren casar en 2022 y quieren hacerlo en Alella. Buscaban lugares emblemáticos y hoy han encontrado el lugar que más deseaban, los jardines de una finca emblemática.

Agus ha llamado al propietario para solicitarle alquilar su finca y se ha encontrado con una conversación muy especial. Cuando se ha dado a conocer, el señor rápidamente ha descubierto que era el bisnieto de mi abuelo y ha tenido unas palabras muy bonitas referentes a él. Ha dicho que le ayudó mucho cuando se mudó después del fallecimiento de su padre, sobre todo en la identificación de las más de treinta fincas que le correspondían cuando llegó de Madrid. Dijo que el abuelo era de las mejores personas que había conocido. Esta misma tarde han quedado para ver la finca. Les ha gustado mucho y, además, les ha dicho que no les cobraría nada después de lo que el abuelo había hecho por él.

En esta finca solo se ha casado la hija del propietario y nos dejará hacer fotos dentro de su casa. Agus, Nuria y todos estamos muy felices y muy orgullosos de nuestro abuelo/bisabuelo.

Hoy es el momento de hablar de mi abuelo Josep, Pepet de Can Sans. Nació en Orís el 2 de junio de 1902 en una familia muy humilde y, a los dos años, perdió a su madre. Su padre, el abuelo Ramón, lo pasó muy mal para sacar adelante a sus hijos, el tío Miquel y la tía Antonia, mi madrina.

La persona más importante y clave para nuestra familia fue Joan Barnadas, el señor Joanet; me explicaré. El señor Joanet conocía al abuelo Ramón y, debido a la situación de miseria en la que se encontraba mi bisabuelo, lo hizo bajar a Alella con sus hijos y le consiguió trabajo en la Cooperativa Vinícola Marfil.

El señor Joanet era un hombre culto; tenía dos sirvientas que le hacían los trabajos de la casa y compañía, ya que vivía solo. Mi abuelo lo iba a ver a menudo y, con los años, el señor Joanet lo consideró como un hijo.

Mi abuelo Pepet, la abuela Rosa y mi madre eran los masoveros de Can Sans, donde se cultivaban flores, principalmente claveles. Tenían gente trabajando y una excelente relación con los señores de la finca.

En 1936 estalló la guerra civil y, para no ir al frente, mi abuelo se escondió por las montañas. El señor Joanet se asustó cuando se encontró sin mi abuelo y, en un ataque de pánico, se suicidó; se colgó en los bajos de su casa.

Una vez terminada la guerra, mi abuelo regresó a Alella y supo de la muerte del señor Joanet; quedó muy afectado y se sintió culpable pensando que si él hubiera estado no se habría suicidado. En este punto llega el momento de explicar por qué esta persona fue clave para nuestra familia. El señor Joanet apreciaba tanto al abuelo que le dejó su legado con la única condición de que cuidara de sus sirvientas.

Este legado, junto con el trabajo de mi abuelo y de mi padre, ha hecho que nuestra generación haya podido vivir de forma propia de una clase media y sencilla.

Mi abuelo fue un hombre inteligente y de muy buen corazón; ayudó a su familia e hizo muchas acciones para el pueblo. Contribuyó en la capilla del cementerio de Alella con nichos para las personas más pobres, pagó habitaciones por la Residencia de ancianos, construyó unos pisos donde los precios del alquiler eran simbólicos para poder ayudar a la gente, fue una persona muy importante en la decisión de la Caja de Pensiones de ir a Alella, avaló a mucha gente para que pudiera sacar adelante sus proyectos, cada año iba a Can Jorba (lo que hoy es El Corte Inglés) a comprar mantas y ropa para los más pobres, pagó parte de lo que hoy es el Casal d'Alella y, en los últimos años de su vida, fue el presidente de la Cooperativa Vinícola Marfil.

Tuve el privilegio de conocerlo y vivir con él los primeros diecisiete años de mi vida. Nos ayudaba con los deberes, nos acompañaba a dormir llevándonos en su espalda, nos llevaba de excursión una vez al año en taxi, los domingos nos dejaba fumar un cigarrillo Ducados, nos compraba juguetes en las ferias de la fiesta mayor, sus consejos siempre eran sabios… Nunca presumió de nada, todo era humildad, bondad y a mí… me gustaría ser como él.

★★★

Este mes de septiembre es un mes peligroso por el rebrote de la COVID-19, por la incertidumbre de volver a un confinamiento como el que tuvimos en el mes de marzo y porque no sabemos cómo irá el último trimestre del año a nivel profesional.

En KMZ estamos trabajando mucho a nivel interno, intentando incorporar a las personas que todavía tenemos con ERTE, preparando una convención para la primera semana de octubre, haciendo sesiones de *coach* y, sobre todo, analizando los diferentes escenarios económicos que nos podemos encontrar hasta el mes de diciembre y el próximo año. Soy optimista con la base de que intentaremos hacer las cosas bien.

La sesión de *coach* que hicimos el miércoles 23 fue excelente. Mónica y Dani prepararon la sesión de más de cuatro horas en base a dos partes. La primera, para identificar las cosas buenas y las cosas a mejorar de los tres socios, y la segunda parte, para descubrir hacia dónde queremos llevar la empresa como proyecto, valores, misión y objetivos.

★★★

Mis dieciocho años fueron inciertos, ya que no sabía qué quería ser el día de mañana. Mi corazón me decía que estudiara Medicina o Derecho, y mi interior me decía que era inseguro, que no era capaz y que no estaba preparado, que los estudios no los llevaba bien y, por lo tanto, no tendría éxitos. Me dejé llevar por la cabeza, es decir, lo fácil. Me saqué el carnet de conducir, dejé de estudiar y, a los diecinueve años, fui voluntariamente a la mili. De eso no estoy orgulloso porque perdí el tiempo y no recibí la formación que hoy tanto echo en falta.

Para llenar el tiempo mientras hacía la mili, hice un curso de programador a distancia que tampoco sirvió de nada, entre otros motivos porque no me lo tomé seriamente.

A la mili fui sin trabajo y sin terminar los estudios, es decir, sin nada para el futuro, sin oficio ni beneficio, pero con novia, eso sí.

La mili fue una total pérdida de tiempo. La hice en Montgat, pasando el tiempo sin hacer nada de provecho. A los jóvenes de hoy en día se les tendría que formar para la vida, es decir, que no perdieran ni un minuto de su vida que no fuera provechoso. Nuestra capacidad es infinita, solo hay que orientarla para sacar el máximo rendimiento por nuestras habilidades y gustos.

Este es el momento de hablar de mis hermanos. Hoy, 20 de octubre, nos han dado una mala noticia. Mi madre, que desde hace una semana vuelve a estar en La Quirón, ha empeorado. La enfermedad se ha esparcido por otros órganos y esta tarde irá hacia casa. A partir de este momento, la controlarán desde el PADES.

Los cuatro hermanos haremos turnos de dos por la mañana y dos por la tarde para poder acompañarla y darle la mejor calidad de vida que podamos.

Rafel, serio, de pocas palabras, con un gran sentido de la unidad familiar, ha sufrido mucho. Primeramente, por ser el preferido de mi abuelo. Eso le trajo problemas de celos por parte de mi padre. En segundo lugar, porque a los quince años sufrió un accidente de bicicleta, una operación en el brazo y una anestesia que supuso una desestabilidad nerviosa que le provocó que, a partir de ese momento, fuera otro; de ir bien a los estudios a suspenderlo todo, de empezar estudios universitarios a no acabar ninguno… A nivel sentimental, tuvo en esta etapa un desengaño muy grande: su primera novia y él lo dejaron. Lo pasó realmente mal.

Todos estos hechos hicieron que, a nivel profesional, se quedara a trabajar en casa, en las viñas y con el tractor junto con nuestro padre. Como he dicho antes, su relación era difícil y trabajar juntos no les ayudó.

Con el paso de los años, salió con una buena mujer de Osona, casi quince años mayor que él. Los primeros años de relación estuvieron bien, pero la diferencia de edad sumada al carácter pesimista de ella hicieron que mi hermano se enamorara de una mujer diez años más joven que él y es con quien está pensando en ir a vivir juntos.

Ya está jubilado, ha hecho mejoras en uno de los pisos familiares y está muy ilusionado con la nueva etapa de su vida con su pareja y sus hijos. Rafel es el más inteligente de todos. Es bueno, nunca le oímos criticar a nadie. Se merece ser feliz el resto de su vida.

Ramón tiene un talento natural para el dibujo, es muy meticuloso, el más inseguro de todos y, a la vez, afable, y es quien tiene mejor humor, hace reír mucho. Donde lo ha pasado peor ha sido a nivel sentimental, en la etapa de su matrimonio. A pesar de tener un hijo muy estimado, la relación se rompió pronto y, hasta que no tomaron la decisión de separarse, fue una etapa dura para toda la familia. Con el tiempo, tuvo algunas relaciones hasta encontrar a su pareja actual, con quien es muy feliz.

A nivel profesional, trabajó con éxito en la Editorial Bruguera con cómics. Al cierre de esta empresa, se desorientó un poco hasta que encontró su trabajo vocacional: trabajar en una residencia de ancianos. Está muy bien reconocido por la dirección y por los compañeros. Ahora ya está casi jubilado. Digo casi porque pactó trabajar unas horas a la semana hasta el próximo año.

Creo que debería haber aprovechado el gran talento que tiene para el dibujo, sobre todo porque creo que uno se tiene que sentir muy bien disfrutando de las aptitudes que no se sabe por qué razón se tienen.

Ramón es muy buena persona; sufre mucho por toda la familia. Es una persona discreta con una gran debilidad por las personas mayores. Tiene una fuerte creencia interna en lo sobrenatural, también se merece ser feliz el resto de su vida.

Mi relación con los dos hermanos mayores ha sido muy buena y siempre me han dejado que fuera con ellos, incluso en una etapa donde la diferencia de edad era grande. Fui a fiestas, discotecas, cines y grupos donde, por la edad, no hubiera tenido acceso.

Pude jugar con ellos a coches, a casas de barro en el patio de casa, a baloncesto, a fútbol... Todo esto fue un privilegio para mí y creo que una buena influencia para ir un paso por adelante a mi edad.

Carlus es quien tiene mejor carácter de todos. Lo digo, sobre todo, porque los niños de la familia lo han estimado y apreciado mucho; tiene un encanto especial para ellos. Y también por los adultos. En Carlus ha sido el preferido de mi padre y el que ha cuidado más y mejor a nuestros padres cuando han estado enfermos. Sufrió mucho cuando murió la abuela Rosa, ya que compartían una afición por los animales muy entrañable.

A nivel sentimental, no ha querido ligarse nunca. Únicamente ha tenido una relación de larga duración y que, actualmente, quizás todavía continúe con una amiga suya, relación que para alguien puede ser criticada, pero que yo pienso que es sincera y, por tanto, buena. Tiene mucha capacidad y muchísimas virtudes, pero le falta creer en él. También le falta cuidarse.

Su gran afición es la caza. Con mi padre disfrutaron mucho de las cacerías y del tiro al plato. Le tengo una envidia enorme por la gran cantidad de trofeos que tiene (es broma).

En Carlus nos hizo sufrir mucho en una etapa de su vida, por suerte ya superada gracias a su fuerza de voluntad.

Quizás debido a que es el pequeño de los hermanos y que durante un tiempo lo fui yo, hemos conectado bastante con las inquietudes y los sentimientos. Lo conozco mucho y tengo empatía con su manera de ser; somos muy diferentes, pero sé lo que necesita y hago lo posible para que esté bien. Él dice que le he ayudado con sus problemas, pero realmente lo que hice fue entenderlo y hacer que fuera consciente de lo que le pasaba. Es quien lleva las viñas, pero todavía le queda mucha vida por delante para disfrutar de todo lo que tiene que venir.

Es el más sentimental de todos, hasta el punto de poder tener bajones. También es el más reactivo. Con algunos clics, conseguirá ser feliz y disfrutar de la vida.

★★★

Hoy, 23 de octubre, Nuria y Agus se han casado por lo civil. Ha sido un acto muy emotivo y con la pena de que no ha podido estar toda la familia y amigos por culpa de la pandemia. Tras la ceremonia, han realizado un *catering* en su casa. En resumen, y como muy bien ha dicho Nuria, se respiraba que la nueva familia, con una complejidad de divorcios y nuevas parejas, está unida, ilusionada con la unión de los hijos. Parecía como si la dureza del pasado se hubiera aligerado.

El trabajo en estos momentos está delicado. Mejor dicho, el Gobierno español está gestionando mal, a mi juicio, la pandemia del coronavirus. La economía en general se está hundiendo, la hostelería está cerrada, volvemos a estar en estado de alarma hasta el mes de mayo del año próximo y posiblemente nos volverán a limitar la movilidad.

Las pérdidas económicas son incalculables. Hay mucha gente con ERTE sin saber si recuperarán el trabajo, mucha gente en el paro y la mayoría de sectores afectados. Es como una tercera guerra mundial sin la destrucción de las viviendas.

Nosotros, en el sector del agua filtrada, nos encontramos con clientes que cierran, con clientes que nos piden moratoria de cuotas, otros que quieren que retiremos el equipo… La solución es difícil, pero haremos lo posible para ayudar a nuestros clientes.

Yo, personalmente, estoy pasando un mal momento por las circunstancias que me rodean. El principal problema es que mi madre está mal, no se puede mover y es totalmente dependiente. Con los hermanos hemos consensuado hacer turnos de dos en dos para poder darle el máximo bienestar y confort. Emocionalmente estoy muy triste, solo pienso en ella y no puedo hacer nada para devolver la situación de antes, volver a tener a mi madre de siempre.

Por otra parte, la situación profesional me preocupa por la incertidumbre de la duración que tendrá la pandemia y la repercusión final.

De todas maneras, creo que tenemos que dar un paso adelante y pensar cómo queremos tener la empresa cuando se acabe este mal sueño. Debemos lanzar nuevos canales y crear una estructura para la expansión internacional. Lo que estamos construyendo con valor, ADN, sostenibilidad y excelencia, debemos extenderlo por todo el mundo. La pasión, la dedicación, la emoción y la creencia en lo que hacemos que tenemos los tres socios tiene que hacer que esto no se acabe nunca.

A nivel físico, tengo un problema de abductores y una tendinitis en el codo que me costará meses recuperar.

Hoy, 28 de octubre, he tomado la decisión errónea de dejar las clases de inglés hasta el mes de enero. Digo errónea porque es una excusa, ya que en general no sé gestionar la situación. Necesito reiniciar mi pensamiento, poner orden y priorizar; no dejar de hacer nada, al contrario, hacer más y mejor, algo nuevo cada día que me aporte satisfacción, valorar todo lo que tengo y no pensar en lo que no tengo. He de conseguir sentirme bien y que los de mi entorno también se sientan. He de dar un paso atrás en mi gestión del pensamiento, quiero decir, aceptar las situaciones actuales antes descritas, gestionarlas cada una por separado, buscar claridad a través de personas de confianza y, sobre todo, acción, y que el resto fluya. Lo conseguiré.

Lo primero que haré cuando acabe de escribir estas últimas líneas será valorar lo que hoy tengo y dar, como cada día, gracias por todo.

Mi etapa profesional comenzó a los veinte años, después de la mili. Estaba en casa de mis padres con Cristina, mi prometida y que más tarde sería mi mujer, y llegaron mi primo Josep M.ª y Montse, su mujer. Fuimos a cenar con ellos y durante la cena, Josep M.ª me preguntó qué haría una vez acabada la mili. Cristina, antes de que yo dijera nada, le dijo si sabía de algún trabajo para mí. En aquellos momentos Josep M.ª trabajaba de comercial en una empresa de distribuciones de licores y le contestó que donde trabajaba había un comercial al que no le gustaba el trabajo que hacía y que seguramente lo dejaría. Quedamos que me diría algo. Eso pasaba en el mes de noviembre de 1980 y en el mes de febrero la empresa me hacía una entrevista para hacer una prueba. Entré por tres meses y trabajé con él veintisiete años. Durante esos veintisiete años hubo diferentes alianzas y fusiones con distintas empresas del sector.

Toda mi vida le agradeceré a Josep M.ª que me descubriera que tenía cierto talento para la profesión de comercial.

Los primeros doce años fui comercial a comisión, luego estuve en nómina y como director comercial de una sucursal en Canarias y el área libre de impuestos.

Disfruté mucho, hice muchos clientes, me gané muy bien la vida y, sobre todo, tenía muy buen entendimiento con la mayoría de clientes y compañeros de profesión. Quise desarrollar mi propia personalidad por la venta, la hice a la medida de mis ideas y del mercado. He de reconocer que mis jefes de ese tiempo me dieron las oportunidades para poder crecer.

Especialmente la etapa del área libre de impuestos fue espectacular. Canarias, las tiendas de los aeropuertos, Andorra, Ceuta y Melilla fueron para mí muy gratificantes gracias a las personas que conocí y que actualmente son amigos personales.

Después de Canarias, fui responsable de Cataluña y Levante. En esta etapa me dediqué a acompañar a mis compañeros de siempre y a ayudar para que se llegara a los objetivos haciendo de intermediario entre los clientes importantes y la dirección de la empresa. Eso duró cinco años. La etapa siguiente ya no fue lo mismo, sobre todo cuando hubo la fusión. Comenzaron las rivalidades entre empresas hasta que una de ellas se hizo con el control del accionariado.

A partir de este momento yo no encajaba en la sociedad propietaria, porque era catalán y porque no gustaba mi manera de hacer. Me despidieron el 26 de diciembre de 2006 y sin comunicármelo ni el director general ni el propietario, quizá por no saber qué decir.

A pesar de haber sido una buena etapa de mi vida y haber trabajado con implicación y responsabilidad, el hecho de trabajar por otro siempre es un riesgo. Por eso creo que lo mejor es cambiar de trabajo cada cuatro o cinco años y, sobre todo, depender de ti mismo.

El impacto del despido lo acepté relativamente rápido, pero mi padre se puso muy triste, lloró y sufrió por mí. Yo lo tranquilicé diciéndole que no sufriera y que saldría adelante. A partir de ese momento, sin trabajo, a pesar de haber conseguido una buena indemnización, comenzó un periodo de siete años de los más malos para mí.

Hoy, 4 de noviembre, estoy en casa de mi madre cuidándola. Ahora ella necesita que al menos dos hermanos cada día estemos por ella. Ha perdido toda la movilidad y nosotros lo que queremos es que esté tranquila y confortable. Los cuatro hermanos lo tenemos claro; igual que hicimos con nuestro padre, estaremos con ella sin dejarla ni un momento.

Estoy pasando un momento de desconcierto, la pandemia ha vuelto a resurgir y a traer mucha incertidumbre: a las personas por la salud y a las empresas porque se vayan a reinventar. Hasta que no exista la vacuna, no volverá la deseada normalidad.

No sé qué me pasa, tengo una lucha interna por conocerme mejor, una inquietud por saber cómo quiero que sea mi vida. Tengo muchas ganas de conducirla. Creo que tengo que descubrir lo que quiero desde dentro de mí. Tengo todo lo necesario por mi manera de ser, pero quiero vivir de la manera que decida. Todavía no sé cómo, pero sí quiero buscarlo.

Mañana lo hablaré con mi *coach*. Yo tengo intuiciones de cómo hacerlo, me tengo que hacer muchas preguntas desde dentro de mí, tengo que escuchar mis emociones y mis sentimientos. Lo que sé es que en estos momentos tengo que hacer cambios. No tengo que llenar el tiempo, tengo que vivir el tiempo, crecer, compartir y, sobre todo, hacer lo que quiera en cada momento.

Lo que no sé cómo gestionar son las cosas que tengo que dejar para hacer los cambios; me da miedo ir adelante y atrás y no tomar decisiones.

Sé que si me quedo inmóvil, me iré haciendo pequeño. Tengo la misma sensación de que cuando dejé de trabajar en el sector asegurador, me iba encogiendo y perdía mi esencia.

Si pudiera pedir algunas cosas a los Reyes, me gustaría diseñar mi trabajo, ser libre en todos los sentidos, hacer todo lo que me gusta (deporte, aprender sobre las redes sociales…) y construir un entorno de relaciones reales y sinceras que cada día me generen ganas de volver a compartir. Me gustaría hacer cosas positivas para la familia, todo aquello que no hemos sabido hacer ninguno de nosotros.

La gestión de mi pensamiento va por buen camino. Estoy tranquilo con todos mis pensamientos, con los buenos y con los malos; por lo tanto, creo que es el momento de dar un paso más.

La *coach* me dio tranquilidad e insistió indirectamente en que crea en mí mismo y deje que todo fluya. Me hizo un regalo sorprendente, una copa, y lo acompañó diciéndome que era el mejor, como alumno suyo, como empresario/emprendedor y que me lo tenía que creer.

Ahora que escribo estas líneas, creo que es lo que más tengo que mejorar emocionalmente. Sin querer menospreciarme, no valoro el potencial que tengo.

Hoy he soñado que estaba con unos amigos míos y yo era el único que había suspendido una asignatura. Hacía lo posible por dar excusas para no estar con ellos en una fiesta, pero a la vez me hacía notar y estaba con ellos de una manera. Este sueño me ha hecho pensar en cómo soy yo a veces y me ha hecho ver que lo tengo que trabajar.

Si estuviera seguro de mí mismo, aprobaría porque tengo capacidad para aprobarlo todo, no me amargaría porque puedo dar mucho a todo el mundo y no buscaría excusas porque no hay motivo para buscarlas.

He de conseguir ser yo mismo, vivir como quiera sin pensar en los demás. Tengo una contradicción dentro de mí: por un lado me estimo y me gusta como soy, y por otro no me valoro. Creo que tengo un gran potencial en todo, pero en el momento que tengo que afrontar las cosas, por pequeñas que sean, las trato con inseguridad y como si no fuera capaz.

Me he de proponer sobreponerme a esta situación; lo empezaré a hacer hoy mismo.

★★★

Hoy, 6 de diciembre, ha sido un día muy especial: la abuela Nuria ha conocido a su bisnieto Apolo. Ha nacido el lunes 30 de noviembre, y eso me ha convertido en abuelo, el abuelo Josep. Nuria y Agus nos han hecho muy felices a todos.

El lunes 30 de noviembre, Agus me llamó por la mañana diciendo que iba con Nuria hacia el hospital porque ya estaba de parto. A las 14:30 h me llamó para decir que Apolo ya estaba aquí. Agus y yo no podíamos parar de llorar; fue uno de los mejores momentos de mi vida. Ambos tuvimos una mezcla de emociones: felicidad por Apolo, tristeza por la abuela Nuria y, sobre todo, alegría porque estábamos Edu, Agus y yo celebrando la llegada de Apolo.

Esta mañana la abuela Nuria ha podido tener en sus brazos a Apolo; él ha sonreído y le ha hecho besitos en la frente. Ha sido un momento muy emotivo e inolvidable.

Estoy viviendo un momento muy difícil; la abuela Nuria cada día está más flojita y tengo miedo de que todo se acabe. Ahora, hace un momento, he ido a su habitación y me ha preguntado qué hacía. Le he dicho que estaba escribiendo un libro. Cuando me ha preguntado qué escribía, he empezado a explicarle que era un libro sobre mi vida y mis recuerdos y he podido hacer un repaso por la vida con ella. He aprovechado para decirle lo especial que ha sido para mí y que la quiero mucho.

Volviendo al momento actual, tengo que conseguir aceptar todo lo que estamos viviendo, sobre todo la enfermedad de nuestra madre. El resto, el trabajo, el que vivimos cada día, tiene que fluir y lo tenemos que afrontar con ilusión y de manera positiva.

Hoy, 20 de diciembre, es el aniversario de la abuela Nuria; hace noventa y tres años. Ha sido un día especial porque ha podido estar con nosotros a la hora de apagar las velas de su pastel, aunque solo aguanta sentada cinco minutos; en seguida quiere estar tumbada en la cama. La ha llamado mucha gente para felicitarla, gente que la ama.

★★★

Era un 9 de julio cuando pedí salir a la que acabaría siendo mi mujer, Cristina. Al día siguiente me dijo que sí y tuve una ilusión desconocida para mí hasta ese momento. Yo no pensaba que le pudiera gustar, ya que sabía que le gustaba David y creía que, si ella salía con alguien, sería con él.

Nos conocimos en Can Salellas. Éramos un grupo de cuatro amigos que hacíamos fiestas e invitábamos a chicas que conocíamos. En uno de esos grupos de chicas estaba Cristina. A partir de la primera fiesta, Cristina y una amiga ya se quedaron con nosotros.

Yo era un chico discreto que valoraba mucho a mis amigos. Tuve que hablar con David y eso provocó una decepción y distanciamiento con él. Nuestra relación fue diferente después de aquello. Habíamos sido amigos inseparables, pero ya nunca más fue lo mismo.

Con ella me hice los primeros besos y descubrí todo. Salimos diez años hasta que nos casamos.

Cristina es una mujer muy guapa y muy inteligente, práctica, honrada, seria y con valores. Aquellos diez años fueron intensos, nos adorábamos y fueron unos años idílicos, de proyectos y de felicidad para las dos familias.

Nuestra boda fue inolvidable. Cuatrocientas personas y todo el pueblo en la calle. Ese día me encontraba muy mal; nuestra amiga Anna me pinchó para poder salir de la cama, estaba a 39 de fiebre. Toda la boda me la pasé tosiendo, pero fue uno de los mejores días de mi vida, divertido, emotivo y feliz.

Nuestro viaje de novios fue a México DF y Cozumel, una isla fantástica. Este era un país peligroso, pero todo fue muy bien gracias a que teníamos un contacto que nos aconsejó los lugares para visitar.

Estuvimos veintisiete años casados, tuvimos dos hijos, Edu y Agus, y fuimos muy felices.

***

Acabo de leer un libro en el que he encontrado algo que me irá bien. Compara la vida con una partida de ajedrez, donde las piezas negras son la ira, la envidia, la parte negativa de las cosas, los malos pensamientos; las blancas son la parte positiva de las cosas, la bondad, el amor, la alegría, la felicidad… En la vida se van intercalando las piezas blancas y las negras, y esta partida acaba con la muerte.

La parte que me ha cautivado más es donde explicaba que nuestro «yo» es el tablero, es decir, no debemos dejarnos afectar ni tomar parte por las blancas ni por las negras; debemos ser observadores y, sobre todo, aceptarlo todo y ser activos.

***

Hoy es 7 de enero. Han sido unas Navidades diferentes por la maldita COVID, que no nos ha dejado estar juntos con la familia como otros años, y, sobre todo, diferentes porque nuestra madre está muy mal, no se mueve de la cama, no come y nos vemos venir lo peor.

Me cuesta mucho gestionar este momento que estamos viviendo con nuestra madre. El PADES (Servicio del CAP) nos recomienda la sedación para provocar su final, pero mis hermanos y yo no queremos hacerlo mientras esté consciente, y personalmente creo que debe estar confortable, sin dolor y manteniendo esa conciencia que hoy todavía tiene.

Solo hago que pedir consejo a mi Edu. Sé que esto os sorprenderá, es nuevo desde que me decidí a escribir, pero eso es fundamental en mi existencia y en mi motivación por mi día a día.

Hace veintiún años que Edu, nuestro hijo mayor, no está en la Tierra con nosotros. Desde entonces he vivido diferentes etapas de sentimientos y emociones. La primera fue de desorientación, con el sentimiento religioso y de creencia muy arraigada por la educación recibida. Fue de incomprensión y de rabia hacia Dios por no entender cómo consentía la muerte de nuestro hijo, aunque yo rezaba cada día por nuestros hijos y la gente amada.

En ese momento, cogí el rol de sacar adelante a Cristina, que necesitaba medicación por su depresión, y con Agus, nuestro hijo pequeño, que había perdido a su hermano y amigo.

Nos llevaba el psiquiatra Dr. Corbella, que nos guio durante siete años. En dos ocasiones necesité ayuda de psicólogos para poder tener un mínimo de ánimo para no caer en depresión. Fueron siete años durísimos, ya que la pérdida de un hijo es insoportable.

Pasé siete años sin aceptar la muerte del Edu, intentando entender por qué había sucedido. Eso fue un error clave que hizo que fuera tropezando sin saber hacia dónde ir. Me equivoqué en todas las decisiones que tomé, tanto a nivel personal como profesional.

Después de los siete primeros años, a nivel personal, decidí hacer mi vida y tener relaciones extramatrimoniales pensando que no era ningún mal ni que perjudicaba a nadie, porque, si me sentía bien, daría lo mejor de mí. Me gustaba agradar y me dejé llevar por las personas a las que les gustaba. Esto hizo que perdiera uno de los valores que hoy pienso que son fundamentales para una persona: la fidelidad.

Con este comportamiento, destruí nuestro matrimonio. Lo perdí todo: la familia, los amigos, el patrimonio y, sobre todo, me perdí yo.

A nivel profesional, y tras ser despedido de la empresa a la que dediqué veintisiete años de mi vida, cambié de sector y quise ser empresario en el mercado italiano. No me salió bien; la inversión y el sufrimiento duraron siete años más y, al final, perdí gran parte del patrimonio que mis padres me dejaron.

La relación entre todas estas malas decisiones y no aceptar la muerte de mi hijo quedó patente en el momento en que pude aceptarlo. A partir de entonces, tanto a nivel de pensamiento como a nivel de creencias, mi actitud cambió y soy mucho más resiliente y positivo, y las cosas las veo más claras.

La base de todo es creer en la perfección del Universo, intentar hacer bien las cosas, amar y dar gracias cada día por todo lo que somos y tenemos.

★★★

Mamá nos ha dejado. Ha hecho dos respiraciones profundas y ha dejado de respirar. Rafel y Carlus estaban con ella a las dos y media de la madrugada del día 11 de enero de 2021.

Ahora todo será diferente, mamá, que nos ha acompañado toda nuestra vida, nos acompañará ahora de otra manera. De vez en cuando, siento un vacío inmenso. Cuando Edu partió, perdí una parte de mí; hoy he perdido otra. La tristeza que tengo dentro y que trabajaba para dejar atrás ha vuelto.

Pero, de nuevo, seguiré luchando por aceptarlo todo y conseguiré no caer en todo aquello que me hizo daño en el pasado.

Gracias, mamá, por todo. He aprendido de tu alegría, de la manera en que has vivido, de tu generosidad, de tu rapidez mental y de tus decisiones. Nunca tenías dudas y, sobre todo, has dado unidad a nuestra familia.

Estos últimos quince días no he podido escribir. Me he centrado en el trabajo y en el acompañamiento a Carlus. Él y Rafel son los que han vivido siempre con nuestra madre y, por tanto, el vacío todavía es más grande que el de Ramón y el mío.

Cada día hablamos y, de alguna manera, notamos que recordamos a nuestra madre. El día del entierro, los cuatro hermanos almorzamos juntos en la casa familiar.

Fue un almuerzo que nunca olvidaré. Éramos los cuatro, no había nadie más, y el resto de la familia lo entendió. Cada uno expresó de una manera natural lo que sentía. Nos abrazamos, lloramos y, sobre todo, sentimos que nos queremos y estamos unidos.

Los cuatro hemos consensuado que las cenizas de nuestra madre las enterraremos en el patio de la casa de Vinyoles, junto con un árbol que plantaremos. Rafel, con lágrimas en los ojos, nos dijo que el día que él falte, la casa de Vinyoles volverá a ser de la familia.

Ahora echo mucho en falta a mi madre, pero tengo un recuerdo alegre de ella y de su vida. Por las noches duermo fácilmente, pero me despierto muy a menudo, como si el subconsciente quisiera decirme algo. Yo creo que son cosas buenas. De momento, me encuentro inspirado con el trabajo, ilusionado con el proyecto familiar con la Lu y los niños, y encantado con el Apolo, que es un sol.

★★★

Hoy, 2 de febrero, estoy leyendo un libro que se llama *El juego infinito*. Son reflexiones referentes a dos maneras de hacer las cosas: una finita, a corto plazo, que se centra en ganar, en objetivos para ir alcanzando y, una vez conseguidos, seguir alcanzando otros; y una infinita, centrada en buscar una causa y no acabar nunca, hacer y construir cosas que duren incluso cuando el que lo inicia ya no esté, sin tener en cuenta ni el tiempo ni el dinero.

Sinceramente, estoy muy alineado con la última. La empresa que fundé hace cinco años nació, sobre todo, para ayudar y dar servicio a la hostelería. Después, con Agus e Iván, hemos apostado por un consumo de agua sin generar residuos. La parte de sostenibilidad de nuestra empresa es clave, y tanto el sector en el que estamos en cuanto a consumo como la parte tecnológica que estamos implementando tienen que hacer que esto dure por generaciones.

Es evidente que es un negocio y que buscamos cubrir nuestras necesidades y vivir cómodamente, pero nuestro objetivo está por encima del dinero. Creemos ciegamente que lo que hacemos es bueno para nuestros clientes y para la sociedad en general.

Agus, Iván, yo y el resto de personal tenemos ilusión y, sobre todo, pasión. Tenemos claro, y como he dicho en diferentes ocasiones, que queremos hacer bien las cosas para que nos vuelvan también bien.

Las últimas incorporaciones de personal que hemos tenido han sido personas que se han presentado a nosotros porque les gustaba nuestro proyecto o realidad. Gente joven y con talento y para quien los valores son muy importantes.

Más allá de la facturación y las ganancias, está la mejora continuada, aprender de los errores, dedicación, una manera de ser y de hacer: humildad, sencillez y honestidad. Queremos un proyecto nacional e internacional, para que todo el mundo participe y se beneficie de las bondades de consumos de agua saludable y sostenible.

A nivel personal, sigo con la inquietud de conocerme mejor, de buscar lo que me gusta y me hace sentir bien. Voy cambiando mis costumbres, rutinas y horarios, pensando menos, sin especular y siendo amable.

La COVID-19, desgraciadamente, sigue entre nosotros. Creo que hasta que no nos vacunen a todos no habrá solución. De todas maneras, he pensado en hacer un ejercicio: no hablar más en este libro hasta que pueda dar la noticia de que no hay contaminados ni gente que pierde la vida. Deseo de todo corazón que sea muy pronto y quiero tener un recuerdo para todos los que no están con nosotros y por todos los que lo están pasando mal.

Toda mi vida he hecho deporte, desde muy pequeño he jugado al fútbol. El primer contacto con el balón fue en el patio de casa con mis hermanos mayores y con los Vila, los Gispert y Salvat. Era muy divertido y esperábamos aquellos sábados por la tarde con muchas ganas. Teníamos vestuarios y los que ganaban lo celebraban, incluso a veces con trofeos.

A los once años, Fede Moraleda nos reunió a unos cuantos y montó un equipo de alevines. Aquellos inicios fueron divertidos, pero no ganábamos ningún partido, y a menudo recibimos goleadas. Pasado un tiempo, Fede consiguió que jugáramos con el Alella y, a partir de ahí, el equipo cada año jugaba mejor y con los alevines e infantiles competíamos por los primeros puestos de la clasificación.

La base estábamos David, Joan Gispert, Joan Vila y yo. Amigos inseparables con los que, fuera del fútbol, compartí una etapa muy feliz de mi vida.

Con el Alella jugué hasta los juveniles y, tras un paso por la Mutua del automóvil, acabé jugando con los veteranos, también de Alella.

Yo era un jugador muy técnico y jugaba de centrocampista. Mis virtudes eran los pases largos, los lanzamientos de faltas y el control del balón. Dicen que era buen jugador y con clase.

En paralelo, estuve jugando muchos años al fútbol sala en los Escolapios, de los que tengo muy buenos recuerdos: partidos con mucha rivalidad con un equipo de Masnou (Fernando, Marino, Pablo, Fredi, Manolo). Después, en el polideportivo de Alella (Chimi, Manel, Jaume, Carlus, Ramón, Enric, Rami, Joan, Pere, Batlle, Josep M, Cuadras y otros) y también con la empresa (Toni, Moller, Albert) en el colegio Tau de Barcelona.

Inolvidables también, los torneos a la Vera con partidos memorables contra el equipo Líbero de la fábrica de perfumes Vera.

Esta etapa de fútbol sala fue entrañable por la duración y por la diversidad de amigos y compañeros de los que guardo un gran recuerdo.

En todos estos años, solo tuve dos lesiones importantes, una osteopatía de pubis y una fractura de dedo y muñeca.

Aparte de Fede, que fue el primer entrenador que tuve, tengo un recuerdo muy especial para Rafa y el Arenas, dos entrenadores que me enseñaron mucho fútbol y de valores. Rafa, que ya hace años que no está con nosotros, entrenó incluso a mis hijos Edu y Agus.

Rafa me dio mucho apoyo cuando perdimos a Edu.

★★★

Hoy, 8 de febrero, he visto un vídeo del Edu y Agus cuando eran pequeños en casa de su tía abriendo unos regalos de

Reyes. Tengo mucha nostalgia y he estado a punto de llorar, pero no lo he hecho.

Edu y Agus siempre están conmigo. Por primera vez no he pensado que Edu no está: eso es clave para mí a nivel emocional.

Después, he recibido una mala noticia relacionada con la venta de unos terrenos familiares y he sido bastante rápido a nivel de resiliencia.

Por otro lado, he hecho una relación de todas las situaciones y cosas que me estresan. Las he escrito una por una y a su lado he descrito la realidad y, en algunos casos, las soluciones. A continuación, las he rayado simbolizando que ya han dejado de estresarme.

Noto que he dado un gran paso a nivel del trabajo interno que desde hace unos años estoy llevando a cabo, trabajo de conocimiento de mí mismo y de gestionar tanto mi pensamiento como el que más me conviene.

He de hacer que todo fluya, confiar en mí y en el universo, hacer limpieza de algunas dudas que vienen y van en mi pensamiento y, sobre todo, recordar y valorar aquellas decisiones que voy tomando con firmeza y seguridad.

Estoy también haciendo un ejercicio en la parte económica. Me explicaré. Podría clasificar mi situación económica en cuatro etapas:

La primera, donde dependía de mis padres, fue inmejorable, no me faltó nunca de nada. En casa éramos de clase media, sin malgastar; el abuelo fue un buen gestor del patrimonio familiar y mi padre se ganaba muy bien la vida con los tractores.

La segunda etapa comenzó con mi primer trabajo de comercial autónomo. Me ganaba muy bien la vida ya que iba a comisión y, realmente, venía mucho. Eso hizo que Cristina y yo nos pudiéramos casar, comprar la primera vivienda y subir a nuestros dos hijos. No pudimos ahorrar mucho, pero sí vivir cómodamente, hacer viajes y salir con los amigos a cenar y de fiesta.

La tercera etapa, que duró catorce años, fue terrible. Invertí en un negocio donde perdí una parte del patrimonio de mis padres. Me divorcié, con la consecuencia de perder también una parte del patrimonio personal. Debido a las deudas de esta etapa, todavía tengo hipotecas y préstamos que son una carga por muchos años y, además, también en este periodo, me despidieron del trabajo después de veintisiete años y perdí también un trabajo más: uno que dejé porque me iba consumiendo.

La cuarta comenzó en 2016 con un nuevo proyecto empresarial que aún hoy continúa. En esta, he de diferenciar la parte profesional y la parte emocional.

La parte profesional es muy gratificante, porque me gusta lo que hago y porque estoy rodeado de gente joven, competente y excelentes personas.

Al inicio, la parte emocional fue difícil de gestionar porque arrastraba mucha culpabilidad por las pérdidas económicas anteriores causadas por mi incompetencia empresarial en el sector asegurador y dental, por haber sido demasiado ambicioso y, sobre todo, por haber sido ciego ante un precipicio a todos los niveles. Me faltó formación, estudio de mercado y, por encima de todo, me perjudicó mi tozudez y no hacer caso a las percepciones que tenía tanto de las personas como de la situación.

En esta etapa, ha sido clave el aprendizaje de todo lo vivido, el trabajo interno (que creo que no podré dejar nunca), el positivismo y la aceptación de todo lo que sucede.

He cambiado la ambición por humildad y sencillez, la tozudez para escuchar más, la soledad para estar acompañado y aconsejado por los mejores. A nivel económico, pienso que lo más importante es cubrir las necesidades y pensar que si hago bien las cosas, la economía mejorará proporcionalmente.

He de agradecer a mi familia, que ha sufrido mucho por mi culpa, que siempre me han apoyado.

Para resumir este momento actual, tengo claro que se tienen que hacer bien las cosas y que para ir lejos tengo que ir bien acompañado.

★★★

Hoy, 20 de febrero de 2021, a las diecinueve horas, ante un espejo, he visto que mis ojos tristes han cambiado por unos alegres y llenos de ilusión. He sabido desde mi interior que empieza una etapa feliz para mí y para los míos. No hace falta decir quién me ha ayudado a descubrirlo. Será una etapa larga para todos y la mejor de mi vida.

Para empezar, he de amar aún más, quitarme la ansiedad de la puntualidad y, principalmente, vivir cada momento como si fuera el último instante en este mundo. Valoraré las cosas pequeñas, todos los instantes, y dedicaré tiempo a todo lo que haga para hacerlo bien y para disfrutarlo.

Cada día, cuando me levanto, voy a pasear al perro y empiezo a disfrutar de la luz, del aire, de las vistas al mar, del paseo que hago y respiro hondo… Me encuentro muy bien y mi pensamiento es de agradecimiento por el día, por la vida, por el trabajo, por cómo soy, y tengo muchas ganas de vivir y hacer muchas cosas este día que empieza.

A medida que va pasando el día, me siento lleno y afortunado por compartir los momentos con la gente del trabajo, a quien adoro, y sobre todo de estar con Agus e Iván, que no sé cómo describirlos, son hijos, amigos, hermanos, ídolos… los quiero.

Cuando llega la tarde, tengo ganas de llegar a casa y ver a Lourdes y a los niños para compartir todas aquellas cosas que hemos vivido durante el día. El momento antes de cenar es uno de mis preferidos, porque me relajo, miro lo que ha pasado en el mundo y hago un pequeño resumen de lo que he vivido durante la jornada.

La hora de ir a dormir también es especial, porque me gusta la habitación, la cama, la luz y la compañía. Querría dormir mejor, pero sé que lo conseguiré, porque nada es imposible y porque, como todo, lo trabajaré.

En esta etapa, mis hermanos también son muy importantes. Cada uno hace su vida, pero creo que es clave que yo haga que estemos conectados, que nos veamos a menudo y que velemos los unos por los otros, que sepamos si las cosas nos van bien y que estemos atentos a nuestra parte emocional. Yo, particularmente, los necesito.

Cada día intento pensar también en los que ya no son físicamente con nosotros. Es como si renováramos el amor que siento por ellos. Me siento bien haciéndolo así.

Lo más importante para mí es amar.

Los amigos… van y vienen. Cuando yo era pequeño, mis amigos eran los de la escuela y los del fútbol, reales cuatro; el resto eran los que nos aveníamos por los gustos y porque no nos llevábamos la contraria.

En la adolescencia volvieron a ser cuatro, los de Can Salellas. Ya de mayor y con familia, hubo muchos conocidos y compañeros para pasarlo bien, pero realmente volvían a ser cuatro: en Kiko, Pep, Pere y Enric.

En la etapa en la que lo perdí todo, los amigos también desaparecieron, algunos por el motivo de la ruptura de mi matrimonio y otros por mi culpa al encerrarme en mí mismo.

Hoy sigo teniendo cuatro: Josep M. Cairat, Enric, Iván y mi hijo. He de decir que en mi vida he disfrutado mucho con la gente con la que me he relacionado, pero más que amigos han sido conocidos.

Tenemos tendencia, y yo más, a pensar que la gente con la que tenemos buena relación son amigos, pero no es cierto. Nos los sentimos cercanos, pero la amistad de verdad es otra cosa. Para mí, el amigo es aquel a quien amo y que me ama, es aquel que se alegra de las cosas buenas que te pasan y sufre por esas cosas que no te van bien. El amigo se acuerda de ti y siempre está de una manera desinteresada, sin esperar nada a cambio.

La amistad no se puede buscar, surge. Hay conexión, hay sentimiento y, sobre todo, hay bondad.

Tengo un recuerdo muy especial de un amigo, Pep, que murió hace muchos años y que fue clave cuando perdí a mi hijo. Era de pocas palabras, pero de muchos hechos reales. En aquellos días de mi desesperación, estuvo conmigo día y noche, a veces sin decir nada y a veces escuchando. Mañana cumplirá veintiún años de aquella situación. Sin su ayuda quizás hoy no estaría. Pep, te amo.

En KMZero estamos preparando una convención para el 10 de marzo. Yo tengo que hacer la introducción. Eso es lo que quiero decir y transmitir:

Estamos en medio de una guerra, nuestro enemigo, la COVID-19, nos ha herido gravemente en muchas líneas de flotación: la anímica, la de salud, la económica y la emocional, pero hemos sobrevivido. Algunas batallas las hemos perdido momentáneamente, como la facturación y las ganancias, pero la guerra la ganaremos. Durante este tiempo de pandemia hemos evaluado los daños y hemos puesto soluciones. Hemos abierto canales nuevos, hemos reconstruido el equipo comercial, hemos dotado a la empresa de digitalización y tecnología, tenemos la marca en propiedad y hemos alcanzado un acuerdo de financiación con un socio que es más que un socio, es familia, y con quien compartimos el mismo ADN profesional.

Ahora todo está a punto para una nueva etapa, una etapa para expandir a nivel nacional, y en un futuro a nivel internacional, lo que creemos y lo que sabemos hacer.

Somos los referentes en el agua filtrada sin generar residuos, con un excelente servicio técnico, con unos departamentos sólidos y de calidad y con un compañero de viaje que no dejaremos nunca, que es la sostenibilidad.

Para terminar, y con el riesgo de emocionarme, quiero decir:

«Para ir rápido, ve solo; para llegar lejos, ve acompañado». Yo quiero llegar lejos con vosotros.

★★★

Hoy es 4 de marzo y hace veintiún años que el Edu nos dejó. Era un sábado y Cristina y yo fuimos a jugar al golf al Pitch & Putt de Vallromanes. Cuando estábamos volviendo, y a la altura del camino de la cornisa, Cristina me dijo que Edu había cogido la moto, cosa que tenía prohibida porque todavía no tenía los catorce años y solo salía conmigo por la montaña. Me enfadé mucho, hasta el punto de que en casa los abuelos no le dirigí ni una sola palabra, aunque él me buscaba para hablar.

Por la tarde, mientras yo arreglaba el jardín, me vino a decir que se iba con los amigos. Yo, como para perdonarlo, le di un golpe cariñoso en el culo.

A las cinco nos llamaron para decirnos que Edu había tenido un accidente en la Vera. Salimos desesperados hasta la Vera, y al llegar lo vimos en el suelo con los ojos medio abiertos, queriendo decir algo. La policía nos separaba haciendo espacio y esperando la ambulancia. Sus manos se movían de una forma que me hacía sentir que Edu estaba muy mal.

Fui con la ambulancia hasta Can Ruti; iba muy poco a poco, señal de que estaba grave.

En Can Ruti estuvimos en un pasillo durante dos horas. Yo pensaba que tendría varias roturas y heridas, pero nunca pensé que sería nada grave. A las ocho nos llamaron los médicos, y sin decir nada, viendo sus caras, vimos que lo habíamos perdido.

Los médicos nos dieron muchos tranquilizantes y me sacaron en silla de ruedas. Al cabo de unas horas, Cristina y yo lo pudimos ver. Su rostro era sereno, unas tiritas finas mantenían sus ojos cerrados. Todavía hoy recuerdo la textura de su cabello y el tacto de mis labios en su frente y en su cara.

A partir de ese momento, la vida de toda nuestra familia cambió. Ni para Cristina, ni para Agus, ni para mis padres, ni para mis hermanos, ni para mis suegros, ni para mí, las cosas fueron iguales.

Cristina entró en depresión y nunca más ha vuelto a ser la misma. A mí se me nota en todo el rostro la tristeza que arrastro; a mi padre lo veían llorar mientras trabajaba, y así todos. Nos han ayudado el psiquiatra Joan Corbella, diferentes psicólogos y algunos amigos, sobre todo los primeros meses. Después, la gente hace su vida. Sienten pena por nosotros, pero por mucho que hagan siempre nos parece poco, porque realmente necesitas mucho y por mucho tiempo.

Han pasado veintiún años y lloro solo recordándolo. Hace años que he aceptado su muerte, pero no su ausencia. Me ha acompañado en las cosas buenas y en las malas, le he pedido consejos y ayuda y… hace dos días que me ha dicho que no le puedo pedir nada más, que tengo que gestionarlo todo yo, que ya estoy preparado para hacerlo, que todo depende de mí. Él no ha hecho ni puede hacer nada, solo lo aceptaba porque yo no estaba preparado, ahora sí. He de dejar que se vaya.

«Te amo para siempre».

★★★

Este mes de marzo está siendo difícil. Echo en falta a Edu, mi padre, que nos dejó un mes de marzo, y a mi madre, que apenas hace tres meses que no está con nosotros. Tengo una nostalgia muy grande del pasado con ellos. Mañana, día 24, iremos los hermanos a dejar las cenizas de nuestra madre en Vinyoles, en el patio de la casa que tanto le gustaba y tantos veranos, Semana Santa y fines de semana compartimos con ella.

Ya estoy pensando en cómo la echaré en falta este mes de agosto, aquellas mañanas en el mercado de Vic, aquellas tardes visitando a la familia Gallifa o Maians, aquellas cenas en casa o aquellos almuerzos en los restaurantes de la zona que tanto le gustaban. Cuando se levantaba a las nueve de la mañana y, mientras se tomaba aquellos enormes cafés con leche, ya preguntaba: «¿Qué haremos hoy?».

Mamá, te amo para siempre.

Como a menudo me pasa, necesito hacer un repaso de cómo está todo a nivel emocional. Ahora me siento incómodo con las clases de inglés que estoy haciendo desde hace un año. Llevo gastado mucho dinero, los horarios no me van del todo bien y mi nivel de inglés está por debajo de lo que yo quería. Lo he hablado con mi *teacher* y me ha tranquilizado diciendo que mi nivel es adecuado para el año que llevamos y que considera que hasta los cuatro años de clase es imposible tener un gran nivel. Al mismo tiempo, hemos encontrado el equilibrio haciendo dos horas en lugar de cuatro a la semana y haciendo propuestas mensuales de días y horas.

Estoy motivado para seguir e incorporaré lectura y series en inglés para mejorar y ganar tiempo en el aprendizaje.

En paralelo, he comprado unos libros, entre ellos *Piense y hágase rico,* que me ayudarán a focalizarme tanto personal como profesionalmente. Todo va relacionado con que todo depende de mí, de concienciarse de que todo es posible si realmente te lo crees y lo persigues. La nostalgia es necesaria, pero también es obligatorio salir adelante, hacer proyectos y tener ilusión por las cosas.

Hoy estoy muy tocado, mis hermanos y yo hemos ido a Vinyoles a depositar las cenizas de nuestra madre. El lugar que hemos seleccionado es justo delante de la ventana de su habitación, donde también hemos plantado un ciruelo.

Ha sido muy emotivo el momento en que los cuatro hemos dado besos a la urna y los abrazos y besos que nos hemos dado entre nosotros. Justo en el momento en que hemos dado la última palada de arena, han sonado las campanas que tocaban las doce del mediodía y, en este preciso momento, el cielo ha quedado cubierto por el vuelo de unas golondrinas.

Ramón ha hecho un escrito muy bonito de despido y de recuerdo para siempre. Después los cuatro hemos ido a tomar algo y a comer. Hemos podido hablar de nosotros, de ella y de nuestra familia en general. Estoy triste porque las cosas a partir de ahora serán diferentes sin ella.

A la vuelta, hemos ido los cuatro a ver a nuestro tío, hermano de nuestro padre, que cumplirá noventa y seis años. Lo hemos visto bastante bien de ánimo, pero también me ha hecho mucha tristeza su resignación y soledad. Creo que la naturaleza hace que la gente mayor que está bien de conocimiento les dote de una aceptación de la realidad de una manera extraordinaria, sin quejarse y sin pedir nada. Es una maravilla.

Tío, te amamos.

★★★

Hoy, 11 de abril, es el momento de comentar que hemos hecho unos cambios en KMZero. Iván llevará la parte comercial, ya que el actual director comercial está pasando un momento difícil a nivel personal y no ha logrado los resultados que esperábamos. Hemos hablado con él y se cogerá un tiempo de paternidad que le corresponde y nosotros esperaremos hasta que vuelva a ser el que conocemos. Este nuevo rol de Iván nos hace mucha ilusión a todos porque, con su implicación y profesionalidad, conseguirá lo que se proponga. Agus se ocupará de las negociaciones con grupos y, junto con Iván, también llevarán los nuevos proyectos.

Por otro lado, estamos constituyendo una nueva sociedad en Andorra con mi amigo Josep M.ª Cairat. Hemos encontrado a una chica muy positiva y con mucha actitud para que lleve el mercado andorrano en colaboración con Cerni Cairat, que es el CEO de este nuevo proyecto.

La familia Cairat ha entrado en nuestra sociedad KMZero España como inversora a cambio de una participación. Ahora ya somos cuatro socios y tenemos esa cuarta pata que tanto deseábamos. Los Cairat tienen el mismo ADN que nosotros y su entrada refuerza la parte económica de nuestra empresa.

A nivel personal, estoy en una buena carretera, es decir, tengo claro que quiero estar con Lourdes y sus hijos en el proyecto de cambiar de casa y construir un futuro para los cuatro. Nos hace mucha ilusión la casa que ha comprado Lourdes; es grande y está muy bien situada, tiene una vista al mar increíble y el sol está todo el día. Tendremos que hacer reformas, sobre todo en el jardín, pero con tiempo y paciencia veo que puede quedar muy confortable y que nos sentiremos muy bien.

Entre eso, la compañía de mis hermanos, mi sobrino, Agus, Nuria y Apolo, junto con los recuerdos de mi familia, que intento vivir con alegría en lugar de nostalgia, y nuestra realidad empresarial, soy feliz.

Pronto hará un año que estoy escribiendo este libro. Mi idea es hablar de mi vida, de mis recuerdos, mis emociones y mis sentimientos, pero al mismo tiempo me está sirviendo para trabajar mi pensamiento. A menudo, como podéis leer, va adelante y atrás, con las historias y también con mi estado de ánimo y de dudas.

Este libro me ayuda a conocerme y me ayuda a reflexionar. La vida va pasando y todo se va como la arena entre los dedos. El ayer no existe, el ahora está a punto de marcharse y mañana no sabemos si habrá nada.

El ahora es el que tiene más valor de todo, es el momento mágico para ser tú mismo, para hacer lo que más deseas, es el momento real, único e irrepetible, es el que cuenta para realmente disfrutar. Si no aprovechas este momento o, lo que es peor, lo malgastas, estás perdiendo un tiempo que no volverá y que hace poso. El tiempo disfrutado hace sentir bien, da ganas de vivir, te hace dar lo mejor de ti y es salud.

Una de las reflexiones más profundas que tengo en el ahora es la gestión del pensamiento. Unas páginas atrás he hecho algunas pinceladas de eso, pero creo que vale la pena profundizar en ellas. Creo que la clave es hablar con nuestro pensamiento. ¿Qué quiero decir? Constantemente nos vienen pensamientos de todo tipo, pero, sobre todo, los que nos molestan son los malos o desagradables. La técnica que yo utilizo es la de enfrentarme a ellos y contrarrestarlos haciendo un giro brusco hacia algo que me gusta.

La otra cosa que nos ocupa en el ahora son los problemas diarios que tenemos. Yo lo que hago es identificarlos en un número máximo de diez, los escribo por orden de gravedad o de importancia y los analizo en función de si tienen solución o no. Si la tienen, vale la pena dedicarle tiempo, esfuerzo y actitud; si no la tienen, hay que aceptarlo cuanto antes.

Yo acostumbro a decir que los pongo en cajones, sobre todo los que son difíciles de gestionar y que a menudo tienes que dejar y volver a coger en otros momentos. De esta manera conseguía crear espacio libre en mi pensamiento y así poder invertir este tiempo para crear e inventar para mi bienestar y el de los míos.

Hablar de bienestar es estar tranquilo con la conciencia y con los hechos. Todos debemos saber qué nos proporciona tranquilidad y qué nos crea malestar. Para mí, el equilibrio es fundamental en el pensamiento, en el intestino o alimentación y en el ejercicio. Hoy, 12 de abril, precisamente lo he hablado con la osteópata que me trata una lesión de tendinitis en el codo. Me decía que no dejara nunca de hacer ejercicio, ya que es lo que, a mi edad (sesenta y uno años), me mantiene ágil.

Toda mi vida he hecho deporte, como he comentado ya en este libro, he hecho fútbol grande y fútbol sala hasta los cuarenta y siete años. A la edad de veinticinco jugaba a squash con mi amigo Enric y luego a ráquetbol. Aquí en España no jugaba nadie, pero era muy divertido y quizás el deporte más equilibrado en relación al tiempo y la quema de toxinas.

Otros deportes han sido el tenis, el *ping-pong,* las motos de trial, la bicicleta y el esquí. No he sido un crack en nada, pero tenía cierta facilidad para todos ellos. Hoy practico el golf y el pádel, más reposados.

El deporte me ha ido muy bien, sobre todo para distraer la mente y, a la vez, para mantener un buen nivel físico. Incluso en las etapas más difíciles de mi vida, nunca he dejado de hacer deporte. Ocupar el tiempo y aparcar por un rato los problemas es una buena terapia.

Nunca he sido partidario de hacer deporte individual, siempre en grupo y compitiendo. Me gusta ganar, pero sé perder. Tengo la capacidad de gestionar las situaciones adversas e incluso reconocer los méritos de los demás cuando me ganan justamente.

El golf es el deporte que practico ahora y desde hace veinte años. Me gusta, es muy técnico y muy difícil. Yo siempre lo comparo con la vida de las personas.

Tengo muchos buenos recuerdos de los equipos y, en general, de todas las personas con las que he hecho deporte. No he sido nunca una persona conflictiva ni en la vida ni en el deporte. Me ha gustado siempre organizar para quedar y jugar, siempre estoy a punto para jugar. Lo único que lamento de toda esta etapa tan larga haciendo deporte es que tengo pocos trofeos. Me encantan las copas y, a veces, he sido tentado de comprarlas o pedir que me las regalen por cumpleaños (es broma). Puedo decir que el deporte es una pasión y que lo seguiré practicando mientras el cuerpo aguante.

★★★

Hoy, martes, 13 de abril, con Iván le he dado mi visión de futuro para nuestra empresa. Tenemos el modelo que queremos y deberíamos extenderlo a nivel internacional. Creo que debemos proponernos a diferentes interlocutores potentes. Estoy pensando en distintos *partners* del sector.

A nivel de distribución, el modelo de delegaciones es el que más nos gusta y podría ser bueno de cara a implementarlo en diferentes países. Estamos en fase de prueba en Mallorca, Andorra y Canarias. Algunos de los clientes que ya tenemos tienen estructuras en otros países y también debemos aprovecharlo.

De verdad pienso que el servicio que damos es válido para todas las personas del mundo que consumen agua y, si además les ayudamos a no generar residuos, tenemos mucho recorrido. Para mí, el secreto está en hacer alianzas y delegar. Quiero decir, el 15 de febrero de 2016 empecé yo solo y en poco tiempo me uní con Agus. Poco después lo hicimos con Iván y, a partir de ahora, lo tenemos que seguir haciendo. El aliarnos con otras personas y delegar, dejamos parte de lo que hacemos a otras que lo hacen mejor y, al mismo tiempo, cogemos nuevos proyectos y retos dentro del mismo negocio.

Por la edad, mi tiempo es limitado, pero Agus, Iván y todos los que están con nosotros podemos hacer algo importante a nivel mundial. Lo veo, lo siento y me lo creo.

★★★

Hoy me apetece hablar de los viajes que he hecho hasta ahora.

El primer viaje fue a Túnez. Me sorprendió por la propuesta hotelera, espectacular de situación y de lujo, con unas playas muy atractivas donde podías practicar todo tipo de deportes náuticos. La oferta gastronómica también era muy interesante por el surtido y la calidad. El viaje al desierto y el primer contacto con mercados donde se regateaba fueron unos complementos muy especiales.

Aquel viaje fue muy significativo a nivel de experiencias. Probé por primera vez algo único y también fue el inicio de perderme. Nunca olvidaré lo que viví y lo que sentí.

Después de este viaje, los siguientes fueron Egipto, Brasil, Turquía y Tailandia. Para mí, lo mejor el de Egipto: el crucero por el Nilo y las visitas a las pirámides, Abu Simbel, el museo de El Cairo y el resto de tumbas del Valle de los Reyes fueron unas experiencias a recomendar.

Quiero destacar que las sensaciones que sentí cuando entré en la cámara donde había estado Tutankamón hacía cuatro mil años son indescriptibles. La tumba del faraón me impresionó muchísimo, y la sensación fue de sentirme privilegiado de ver y tocar cosas que durante miles de años habían sido desconocidas.

Brasil fue impactante, sobre todo la parte del Amazonas, inmenso, exótico, peligroso… nos hacía estar siempre en alerta, sentirnos inseguros. Los ruidos, las excursiones por la noche y la pesca del jacaré (cocodrilo) y de las pirañas nos llenaban de emoción por el riesgo que conllevaban.

En cuanto a Río y Salvador de Bahía, una decepción por la inseguridad y la poca libertad para explorar y conocer unas ciudades tan especiales.

De Turquía tengo un gran recuerdo. Es una ciudad maravillosa donde hay una mezcla de Europa y Asia. Mucha historia, muchos palacios y mezquitas únicas, y un gran bazar que no se puede explicar; hay que ir. La seguridad en Estambul es total y absoluta, puedes visitarlo todo con tranquilidad.

También fue muy interesante la visita a la Capadocia, donde las casas en las rocas son muy sorprendentes.

Finalmente, Tailandia fue el viaje más especial por el exotismo, la comida totalmente diferente a lo que estamos acostumbrados y los espectáculos tanto de serpientes como de sexo, que lo hacen curioso. Los malos olores del país, el calor sofocante y la duración del viaje son las cosas negativas. La visita a las mujeres jirafa y las playas del sur hicieron que el viaje fuera muy atractivo y para mí valió la pena hacerlo.

El resto de los viajes que he hecho han estado a Nueva York, Puerto Rico y Florida con la familia y Nueva York, Tennessee, Chicago, Escocia, Alemania, República Dominicana, Italia y Francia con las empresas donde he trabajado.

Mis amigos de viaje han sido Cristina, Pere, Lourdes, Anna, Kiku, Pep, Paqui, Josep M., Montse y Montse Font, todos ellos entrañables. Nos aveníamos a la hora de tomar decisiones, hemos reído mucho y, sobre todo, teníamos ganas de estar juntos y compartir.

He de decir que por el trabajo he viajado mucho y cuando se organizaba un viaje de placer yo sentía cierta pereza, pero una vez estaba allí era el que más disfrutaba y el que más me amoldaba a todo.

En todos estos viajes he vivido intensamente una parte desconocida, pero identificable de mi vida, de la que me arrepiento y que seguramente me ha marcado.

Con Lourdes hemos estado en Praga y hemos hecho salidas por España: Burgos, Segovia, Andorra, la Cataluña interior y escapadas de fin de semana a hoteles con encanto.

En estos momentos de mi vida no me apetece viajar, quizás porque ya lo he hecho muy personal y profesionalmente. De todas maneras, creo que en cualquier momento puede salir el interés por descubrir algo.

★★★

Hoy, 27 de abril, he tenido que devolver el coche de *renting,* un Range. Ha sido uno de los mejores coches que he tenido; he hecho más de ciento seis mil kilómetros. Es el coche que me ha costado más de tener, por el precio y porque hasta 2017 la empresa no se lo ha podido permitir. El primer año de la empresa, utilicé el Mercedes de mi padre, ya que mi Audi A4 lo utilizaba Agus. Estéticamente, es el coche más bonito que he tenido.

Desde los veinte años, que empecé a trabajar, hasta hoy he hecho muchos kilómetros y solo he tenido dos accidentes, sin hacerme daño. Los coches y los relojes son las cosas que más me gustan. Aprendí a conducir gracias a mis hermanos y con un Seat 600 de mi madre. A los veinte años me compré un Ford Fiesta de color azul oscuro. Más adelante tuve un Ford Escort blanco, luego un Golf GTI 16 válvulas, un Opel Kadett blanco, un Grand Cherokee verde oscuro y tres Audi A4 Avant: un azul oscuro, un plata y un negro.

Me gusta mucho conducir, no me cansa, aunque he de reconocer que he tenido sustos por culpa de dormirme mientras conduzco. Cuando voy de copiloto o detrás, duermo fácilmente.

Creo que conduzco bien, pero mi ídolo conduciendo es mi hermano Rafel; lo hace súper bien, con ritmo, con mucho tacto en los pies y en el cambio de marchas.

Hoy he tenido cierta tristeza al dejar el Range, sobre todo porque lo había deseado mucho y sobre el que tengo una anécdota muy buena. En septiembre de 2016 di una paga y señal por un Mini Cooper S de 170 CV de color verde oscuro con el techo y las llantas negras, precioso, pero cuando lo tenía que recoger, me enfadé porque me pedían un aval y no lo fui a buscar. Estuve medio año sin coche hasta que un buen día vi una oferta de *renting* en el Banco de Sabadell del coche de mis sueños, el Range de color negro, 150 CV, tracción a las cuatro ruedas y… hasta hoy.

★★★

«*A waterdrop bores into the rock due to its constancy, not its strength*». La gota de agua perfora la roca no por su fuerza, sino por su constancia. Esta es la frase que tengo en mi despacho y con la que me identifico muchísimo. Yo soy de estos, muy constante y perseverante; tengo claro que primero de todo hay que creer de verdad en las cosas y después perseguirlas sin descanso. Hoy, sin ir más lejos, pensaba en los últimos nueve años fatídicos de mi vida y que para salir he tenido que tomar decisiones y ser constante con lo que creo.

Aunque nos equivoquemos, lo más importante es seguir adelante, rectificar, aprender y, sobre todo, no desfallecer nunca. Cada día me cuesta levantarme, no porque tenga sueño, sino porque mi estado de ánimo por la mañana es muy bajo; me ha pasado desde que perdí a mi hijo mayor, pero, poco a poco, mirándome al espejo y sonriente, me voy activando; luego pienso en todo lo bueno que me rodea y, finalmente, me siento activo, positivo, luchador y absolutamente integrado con el universo, que es maravilloso.

He de conseguir levantarme en paz conmigo mismo, sin tristeza. Creo que el hecho de dormir mal o de despertarme muchas veces provoca que mi subconsciente me domine y cuando me despierto todavía estoy bajo su influencia; tengo que probar la meditación antes de ir a dormir. Durante el día estoy bien porque hago lo que me gusta y los fines de semana el deporte me ayuda mucho. Es por la mañana, justo cinco minutos después de poner los pies en el suelo, cuando me cae el mundo encima; solo son cinco minutos, pero ya hace veintiún años que me pasa. Como he dicho antes, conseguiré deshacerme de este peso, soy muy tozudo y muy constante.

Cada vez pienso más que las cosas pasan por alguna razón; a veces tengo que dejarlas para que se activen solas. Yo no sé si creo demasiado en el destino; por eso que acabo de decir podría parecer que sí. Además, mi teoría de estar alineado con el universo podría corroborarlo. Ahora, pensando en ello, quizá sí es así, todo es más fácil; solo he de dejar que todo fluya y no ser propietario de mi destino. Dicho esto, tendría sentido que todos tenemos una misión o que estamos aquí para contribuir en algo. Sería bueno que cada uno de nosotros buscara la finalidad que debe alcanzar. Yo creo que ahora, pensando en ella, la tengo; intentaré explicarla cuando la tenga clara y más estructurada.

Por la noche me iniciaré con la meditación, ya os lo explicaré.

★★★

Ya hace tiempo que escribo este libro; es una gran experiencia. Me hacía miedo hacerlo, sobre todo por los recuerdos que hacen daño, pero hoy no me arrepiento porque me ayuda a conocerme mejor y, a la vez, lo veo todo mucho más real. Me entretengo con muchos pensamientos que antes no tenía y hace que vea las cosas con otra perspectiva. Me ayuda a trabajar mi interior y también a observar con atención las circunstancias y la gente que está a mi alrededor, los comportamientos, los sentimientos que intuyo, las diferentes maneras de vivir y de entender la vida. He de decir que la vida nos la complicamos mucho; estamos más pendientes de querer que de sentir, de conseguir que de disfrutar, de aspirar que de valorar, y eso se acaba el día menos pensado; nos hace el efecto de que la vida es infinita y la verdad es que es un momento. Hay que pensar en el tiempo que nos queda para saborearlo y, sobre todo, hacer lo que queramos de todo corazón, sin pensar en qué dirá la gente o qué harían los demás.

En la vida también son importantes los recuerdos, pero algunos no dejan de ser como hojas que caen de un árbol y otros siempre están en el árbol y nunca caerán.

★★★

Hoy, 10 de mayo, estamos a punto de ir a firmar en Andorra la nueva sociedad y también tenemos una reunión el día dieciocho, clave para nuestro desarrollo internacional. Particularmente, me hace mucha ilusión porque lo que empezamos hace cinco años cada día es más valorado por la gente y, sinceramente, es un valor para todas las personas que consumimos agua. Por lo tanto, si es importante para los catalanes, que fue donde empezamos, ¿por qué no debe ser bueno para todo el mundo? No estoy pensando en dinero ni fortunas, estoy pensando en la misión de consumir agua sin generar residuos; eso es bueno para el planeta y para quienes vivimos en él. No sé hasta dónde podemos llegar; las ganas son que este movimiento dure para siempre.

No tenemos claro cómo hacerlo ni con quién, pero sí debemos hacerlo. Hay diferentes posibilidades y la clave es que debemos hacerlo con personas que tengan el mismo ADN que nosotros, donde la misión esté por delante del dinero, donde hacer bien las cosas sea la prioridad y que lo que hacemos nos lo creamos como todo lo que hemos hecho hasta ahora.

★★★

Hace unos días tuve un sueño muy especial. Estaba en la Miralda, la casa donde mis abuelos paternos eran los masoveros. Yo entraba por la puerta principal y, a la derecha, estaba sentada mi madre. Ella tenía entre cuarenta y cincuenta años y, de golpe, me acerqué a ella. Se levantó, nos abrazamos con mucha fuerza y empezamos a bailar. Empecé a llorar muy intensamente; me desperté y entendí que era la manera en que nos despedíamos y la dejaba marchar. Aquellos cortocircuitos que siento en el corazón a veces han desaparecido. Despedirme o dejar marchar no quiere decir olvidar o pensar menos, quiere decir sentirlo de otra manera y desde el amor. La echo en falta y ojalá le hubiera dicho cada día que la amaba. Los que estáis leyendo pensad en hacerlo con los que amáis, decídselo cada día. Eso da vida a los que lo reciben y al que lo dice.

Después de eso he hecho una charla con mi interior y he visualizado el largo tiempo que todavía me queda por compartir, aprender y dar. He visualizado mi final de una manera tranquila y sin sufrir, como el de mi madre. Al igual que en el golf, tengo que proyectar el golpe y visualizarlo para que salga.

La vida es individual y es tiempo, un tiempo y nada más, que puedes aprovechar o malgastar, pero tienes que ser tú quien elija, que no te condicionen.

El tiempo que he vivido hasta ahora ha sido muy bueno en general, con salud y acompañado por una familia extraordinaria de gran calidad humana, con generosidad en cuanto a lo que puede desear o aspirar una persona a nivel material, pero también he estado un tiempo muy condicionado por las circunstancias de cada momento y sin poder dirigir el rumbo de mi vida, como la hoja que arrastra la corriente.

Ahora, en el tiempo que me puede quedar, me gustaría poder dirigirlo yo. He aprendido de lo que he vivido y eso me tiene que servir para elegir cómo quiero vivir. Lógicamente, las circunstancias marcan una parte, pero el resto debe poder ser orientado por mí para poder disfrutar.

En mi tiempo pasado ha habido un error clave que ha marcado mucho mi vida: ha sido el engaño y la traición a los sentimientos de pareja. Para no afrontar realidades en un momento de la pareja, me dejé llevar para que el placer hiciera soportable la relación y el día a día. Nunca más lo volveré a hacer; la transparencia, la confianza y la verdad deben ser incuestionables.

Las relaciones de pareja son muy difíciles, la convivencia es complicada y, sobre todo, cuando nos hacemos mayores, los defectos se acentúan y la paciencia va menguando.

Quiero vivir una nueva etapa con Lourdes y los niños, Gerard y Julia, en la casa nueva. No podremos hacer ahora las reformas que queremos, nos tendremos que esperar porque todo es muy caro y ahora tenemos muchos gastos.

Hace pocos días vino una chica a darnos ideas para la decoración. De momento, haremos dos habitaciones: una para los niños y la mía. La mía será sencilla y encantadora. Era donde había un gimnasio. Tendré un vestidor enorme, una mesa de despacho para poder trabajar desde casa, una silla para leer y un armario hecho a medida para las pelotas de golf de colección y los trofeos que tengo del deporte que he hecho. Me hace especial ilusión esta habitación porque ahora tengo pocas cosas en la casa donde vivo con Lourdes y la mayor parte de mis cosas las tengo en casa de Agus y algunas en casa de Carlus.

La casa donde iremos a vivir es de Lourdes, yo solo participaré con algunos gastos. Estoy muy contento por ella y por los niños, ya que han podido casi duplicar su patrimonio y eso siempre es bueno para ahora y para el futuro. Lourdes ha sufrido mucho, primero cuando era jovencita y después con la muerte del que fue el padre de sus hijos. Es una persona muy sensible, muy trabajadora, con un gran corazón y sentimientos. Se merece que las cosas le vayan bien.

Nos queremos. Es una mujer con una manera de ser con la que me identifico. Me enamoré de ella por su físico y por su manera de ser; es la persona más guapa que conozco, no me canso de mirarla. Su dulzura y su sonrisa me tienen atrapado;

es la mujer con la que quiero estar siempre y sé que tengo que darlo todo para hacer que conmigo sea feliz toda la vida.

He de conseguir la vida de pareja que tengo idealizada. Lo quería hacer con Cristina y no lo supe hacer. Ahora vuelvo a depender de mí conseguirlo y estoy preparado y motivado para hacerlo.

He reflexionado mucho estos últimos días y he hablado con mi interior y he vuelto a hacer uno de esos clics que tanto me gustan y que son claves para poder crecer como persona.

El otro día, bajando de Andorra, mi amigo Enric me dio una alegría que me hizo llorar. Me dijo que el cáncer que padece lo tenía parado y que, al menos, en dos años no volvería a reproducirse. Me dijo textualmente que «ayer estaba enfermo y hoy estoy curado», y que podía vivir de otra manera, y le dije que la semana siguiente lo iría a ver para abrazarlo.

Esta semana también he perdido el móvil y la cartera con toda la documentación. Sé por qué la perdí: por mi actitud negativa ante Lourdes y Julia a la hora de no querer llevar una «jaula del hámster» por miedo a ensuciar el coche nuevo que tengo. Mi comportamiento ha hecho que no solo durante dos días haya sufrido por miedo a tener que renovar toda la documentación, sino que también ha hecho que fuera a Cornellà tres veces seguidas. «Si tiras el balón mal, te vuelve mal». Sorprendentemente lo he encontrado, pero he aprendido del aviso.

Estoy centrado, personal y profesionalmente. En el trabajo quiero dar una velocidad más en el aspecto de liderazgo, quiero conocer más a la gente con la que trabajo, por eso quiero hacer unos almuerzos con el CEO o el *boss,* es decir, por departamentos ir a comer y hablar de todo, siempre con confidencialidad, escuchar todos sus sentimientos respecto a la empresa y a los compañeros, poder pedir lo que necesitan para trabajar mejor y vivir mejor también en las horas de trabajo. Creo que eso es clave para poder llegar lejos y mejor con la causa que tenemos.

Agus, Nuria y Apolo me llenan mucho. Están viviendo una etapa fantástica de juventud y de crecimiento por estar encarrilados para hacer el bien en todas las cosas de la vida. Yo quiero hacer también este acompañamiento. Lo quiero hacer también con Iván, a quien estimo, y también con mis hermanos, Jordi, Elena y su hijo que pronto estará con nosotros, porque también los quiero. Eso es realmente lo más importante de la vida y no me cansaré de repetirlo: actitud, amabilidad y amor.

Álvar ya está con nosotros; él y Apolo son las perlas de esta familia. Después de perder con dolor a nuestros padres, han llegado dos niños que renuevan ilusión y esperanza.

Sé que había dicho que no volvería a hablar de la COVID-19, pero hoy me veo obligado a hablar de ello. Agus, Nuria, Lourdes, Iván y Juls han dado positivo y deberán estar diez días confinados en casa. Es un gran tropiezo a nivel familiar y a nivel de trabajo.

Yo, que tengo tendencia a ser positivo y ver las cosas desde diferentes ángulos, creo que les irá bien estar en casa descansando y recuperándose del gran estrés que llevan todos. Eso no se lo puedo decir porque no olvidemos que se encuentran mal y parece desafortunado mi comentario, pero en las últimas semanas los veía muy afectados por el desbordamiento de gestiones a hacer por sus roles en la empresa y por las cargas de traslados y otros problemas que todos arrastramos.

Ahora toca tener paciencia y, de aquí a diez días, todo cambiará, estarán inmunizados y habrán tenido tiempo de aceptar la situación, aprender de la aceptación que ha tenido cada uno de ellos de esta situación y de cómo ha sido la convivencia con unas condiciones tan difíciles.

He ido unos días a vivir a casa de Carlus. He vuelto a casa y tengo una mezcla de emociones. Por un lado, echo en falta a mis padres. El olor de su habitación me ha transportado al pasado y a muchos recuerdos. He dormido en la habitación de Rafel, muy bien, por cierto. Era una habitación donde había dormido con Ramón cuando tenía trece años, aproximadamente; habitación donde había dormido, estudiado, escuchado música… Recuerdo algunas prendas que había llevado con mucho gusto: un polo Fred Perry azul cielo, unos Levi's de color azul oscuro, unas camperas, una chaqueta de terciopelo, unos zapatos Pielsa… y el olor inconfundible de desodorante Rexona, que me ponía para tener buen olor antes de salir de casa o de ir a la fiesta mayor.

Pensando en mis trece años, he pensado en Edu, en sus últimos años entre nosotros, y su ilusión por hacer catorce y poder llevar moto. Me decía: «¡Papá, tengo tantas ganas!».

He tenido que parar de escribir porque me invaden las lágrimas. Toda mi vida tendré esta tristeza, a pesar de los mecanismos que he ido adquiriendo para poder llevarlo. Lo echo mucho en falta para poder compartirlo todo. Al final, el secreto de todas las buenas relaciones es compartir.

Tiro adelante, me hago el fuerte porque lo soy; lucho porque soy luchador; caigo y me levanto, pero... me cuesta mucho. La muerte no tiene solución. Cuando pasó, solo me venía a la cabeza «nunca más lo veré». Me sigue viniendo. La suerte que tengo es que lo siento, lo noto, me inspira, lo llevo conmigo. Lo estimo igual que a Agus.

Hoy me he vuelto a activar después de dos días confundido. El viernes nos notificaron lo que tenemos que pagar de plusvalía y de impuesto de sucesiones... una barbaridad. Parece que en marzo el gobierno de la Generalitat aprobó aumentar este impuesto y a nosotros nos toca de lleno. Los cuatro hermanos estamos muy preocupados por la situación, ya que no tenemos suficiente liquidez.

También me ha afectado estar separado de Lourdes, los niños, Agus, Nuria y Apolo. Ayer creía que tenía que estar con ellos bajo el riesgo de contagiarme con la COVID, pero finalmente me puse a escribir la situación con detalle y lo vi todo mucho más claro. En cuanto a la salud, lo más importante es esperar cuatro días y no asumir riesgos.

Volver a hacer ejercicio es importante. Para encarar la situación económica de la aceptación de la herencia, hay que pensar y asesorarnos con expertos en patrimonio. En el trabajo es imprescindible no abandonar el barco y estar en la oficina con las pocas personas que hay debido al teletrabajo y los contagios. Total, esta mañana he empezado con todo y me siento mucho mejor y todo se empieza a encarrilar. Estoy seguro de que saldremos de la situación de la mejor manera.

De todas formas, lo que me preocupaba más era que Apolo tenía fiebre y hoy se ha confirmado que está contagiado de COVID. Me da mucha pena, es muy pequeño y todos estamos muy intranquilos con las subidas y bajadas de fiebre que tiene. Deseo con muchas ganas que todos se pongan bien muy pronto y que podamos volver a nuestro día a día de proyectos, de ilusiones. Que Lourdes, los niños y yo podamos ir a la casa nueva y empezar una nueva etapa. Que toda la familia podamos solucionar los problemas y que, al final, podamos vivir. Sí, vivir, y disfrutar del tiempo que tenemos y poder descansar el pensamiento de inconvenientes.

Es cierto lo que piensan todos de mí cuando dicen que toda mi vida he estado comprometido con el dinero: hipotecas, préstamos, inversiones, pérdidas y ahora plusvalías e impuestos. No se acaba nunca.

Quizás lo mejor, y no solo en este sentido, habría sido marcharme yo en lugar del Edu. No se puede saber qué habría pasado, pero yo estoy seguro de que no habría hecho el mal que he hecho: engaños, destrozar vidas emocionales, comportarme mal con gente que me amaba, ser egoísta y no escuchar a la buena gente que me aconsejaba…

Con el dinero he salvado los muebles, como se dice, es decir, siempre he cumplido con los compromisos, pero sobre el resto de cosas, solo puedo pedir perdón y no me puedo deshacer de la culpa, se irá conmigo.

LO SIENTO.

★★★

Hoy, 26 de julio, he hecho otro clic en mi vida. Me he hecho un DAFO y he llegado a la conclusión de que estoy en paz y que he pagado la penitencia emocional de todo lo que he hecho mal hacia las personas con las que he vivido y me he relacionado. Esto me permite afrontar los años que me quedan disfrutando de amistades sinceras, motivado para llevar adelante una relación sentimental, aportar a la empresa todo lo mejor de mí y, sobre todo, exigirme siempre hacer bien las cosas. Abandonaré la queja, ya que no sirve para nada. Antes de juzgar, hay que tener información, enfriar bien las cosas y decidir con el corazón.

Disfrutar tiene que ser libertad, hacer lo que sientas, no hacer las cosas por compromiso o por los demás, ser tú mismo, amable, noble, sincero, y saber aceptar todas las cosas que no nos vayan bien lo más rápido posible, y ocupar este tiempo para crear y valorar todo lo que tenemos. No he llegado solo a todo esto; mis hijos me ayudan a reflexionar y a ponerme en el lugar que pueda ofrecer algo de valor.

★★★

Hoy, 30 de septiembre, y después de un largo paréntesis de casi dos meses sin escribir, vuelvo a hacerlo. Estoy en La Cerdanya para hacer unas visitas y estos últimos dos meses han estado llenos de cambios y novedades: de casa de Agus a la nueva casa, de hacer ejercicio a no hacer, de jugar bien a golf a no tocarla, las vacaciones sin la abuela Nuria, bajada de facturación en el mes de agosto...

Los nuevos espacios de la casa son magníficos, pero debemos hacerlos nuestros. Tenemos muchas ideas de reformas y muchos presupuestos, pero curiosamente estoy relajado, sin ansia por tenerlo todo en orden. Esto quiere decir que, en general, estoy preparado para afrontar los cambios y es un paso más por lo que busco... creer en mí mismo.

Este mes de agosto de vacaciones ha sido diferente a los otros años. Hemos estado en casa de Agus disfrutando de la terraza y la piscina, hemos ido cuatro días a Andorra haciendo excursiones por los lagos, y hemos hecho muchas comidas y cenas por el Maresme y Barcelona. También llevo dos días en Vinyoles... sin la abuela Nuria. Tenía miedo de echarla en falta, y la he echado en falta, pero no he tenido miedo. Para mí, ella está allí y se nota: se nota su alegría, se nota su buen rollo, se nota su seguridad, y se nota cómo ella hace que toda la familia estemos conectados y con ganas de amarnos.

En el mes de agosto también nos reunimos los propietarios de La Sarreta para firmar unas propuestas de mejoras en las últimas propuestas de Corb. Estamos a punto de firmar, finalmente, un acuerdo definitivo de venta y, por tanto, de llevar a cabo un proceso que comenzó hace quince años. Si todo va como debería ir, la familia podrá ingresar un dinero que nos puede ir bien para pagar los impuestos y para vivir un poco mejor económicamente.

El recorrido de trámites por la aceptación de la herencia de nuestra madre ha sido complejo. Los impuestos a pagar son abusivos por parte de la Generalitat, la gestión notarial y de registro lenta, complicada, pero saldremos de ella. Hemos aprendido y, haciendo bien las cosas, no debemos tener miedo de nada.

Después de muchos años sin tener mis cosas todas juntas, finalmente parece que lo conseguiré. En la casa nueva tengo un espacio que hace de vestuario, uno para trabajar desde casa y uno para hacer gimnasio. Es un espacio en el que me siento bien. Me he hecho un armario para guardar las bolas de golf como colección y los pocos trofeos que he ganado. El orden me gusta y poder tener mis cosas, que durante diez años han sido dispersas, ahora me hace una ilusión especial, porque son las mías y porque me gusta todo lo que es mío. Soy de esas personas a las que las pequeñas cosas como el armario de las bolas de golf les hacen pensar que todo debe tener un sentido. Me explicaré.

Tengo como quinientas bolas de golf, de campos donde he jugado, regaladas en campeonatos, encontradas por los campos y algunas compradas. Para mí, eso no puede ser sin sentido. Acumulando bolas en cajas y desordenadas, he tenido que hacer un armario para contemplarlas, que no estuvieran escondidas y que no fuera algo infinito. Quiero tener unas bolas seleccionadas y unas para jugar, nada más. Quiero tener un armario, no tres. Quiero tener una cantidad de bolas, no una cantidad que me estorbe.

Creo que en el libro ya he hablado de que el golf es para mí como una guía comparativa con los valores de la vida, un ejemplo práctico para saber cómo eres y cómo te comportas. Es un deporte muy exigente, pero la vida también te exige mucho. A menudo jugo mal; en la vida, las cosas a veces tampoco salen como quiero. Si en el golf desprecias al rival, seguro que te penaliza; en la vida, la conciencia también. La educación, el respeto, las reglas en este deporte son vitales; en la vida, también. Y no solo eso: el *swing* debe ser fluido, sin forzar ni tensar, y en la vida que las cosas fluyan también es clave. Si en el golf especulas, si te quejas, si te enfadas, el juego no sale; en la vida tampoco. El golf me fue bien en el momento más duro de mi vida; me dio distracción, serenidad, *timing*, relaciones, me centró y muchas cosas más. Ahora creo que, por poco que pueda, lo seguiré practicando el resto de mi vida.

★★★

Hoy, 3 de noviembre, vuelvo a activarme de nuevo, como siempre adelante y atrás con los pensamientos, las emociones y pensando en cómo soy afortunado. Una canción me ha llevado a la nostalgia y la tristeza, he echado en falta y me he puesto a llorar hasta que he pensado que dependía de mí salir de ese agujero. Lo he conseguido valorando todo lo que viví, tengo y me rodea.

En la vida hay que labrar cada día, en las relaciones, en la parte emocional, en ti mismo, porque el camino es más importante que llegar. Cada día es una vida nueva, tenemos que empezar el día pensando que ese debe ser el mejor día de nuestra vida.

Días atrás vi un programa de televisión donde una chica hablaba sobre su vida, una vida con un dos por ciento de posibilidades de vivir debido a una enfermedad grave. Ella dijo que, a pesar de lo que vivía, era feliz. Me voy a hacer la pregunta de qué haría si solo tuviera un año de vida. La respuesta es fácil: vivir.

Vivimos en un mundo sin detenernos a disfrutar, una gran parte de cosas las hacemos por compromiso, por inercia, y la clave está en hacerlo todo con pasión, sea lo que sea y por insignificante que parezca.

Quiero explicar lo que he descubierto hace poco: el motivo de mi existencia.

Creo que he venido a esta vida a dar a conocer que después de equivocarnos podemos aprender, mejorar y cambiar nuestra manera de hacer y de pensar. En mi vida he sufrido mucho, sobre todo a partir de los cuarenta años. Después de muchos años de sufrir y estar perdido, me he dado cuenta de que todo ha sido un aprendizaje y me ha servido para adquirir una fortaleza interior increíble. He perdido el miedo y estoy preparado para afrontar las cosas. He aprendido que la clave es entenderlas y aceptarlas. Pongámonos un ejemplo de un problema e intente entenderlo y aceptarlo aunque no tenga solución; veréis que el problema sigue existiendo, pero lo veréis de otra manera y, sobre todo, dejaréis de estar bloqueados y podréis seguir adelante o tomar otro camino. La clave es la bondad, hacer bien las cosas, que la conciencia siempre esté en paz; esto os hará ser libres, seguros de vosotros mismos y valorados por todos los que reconozcan en vosotros esta manera de ser. Cada día empieza la vida y el tiempo; somos libres de hacer lo que queramos, pero si buscamos hacer lo que más nos guste y llene y, a la vez, ayudamos a los demás de alguna manera, una palabra, un hecho, un gesto, nos lo devolverá en bien seguro y, por lo tanto, iremos ganando bienestar. Para mí, la finalidad de esta vida es el estado de bienestar o felicidad, y eso depende solo de nosotros y de cada día de nuestra vida. Me gusta ser protagonista y hacerme notar, cada vez más, que la gente valore que lo que doy es bueno y útil. Tengo reservado para el final de este libro una recopilación de frases vitales para la vida que a buen seguro os ayudarán. Yo he venido para poder explicar esto; es muy sencillo, pero a la vez difícil de practicar cada día.

Imaginaros a vosotros cada día con la expectativa de que todo lo que os pase ese día sea aceptado, que lo que hacéis lo hacéis con ganas, ilusión y bien hecho, que os sintáis satisfechos, además, que ayudéis a alguien de una manera desinteresada y que lo hagáis todo con amabilidad, con una sonrisa y que quienes se encuentran a vuestro alrededor se sientan agradecidos con vosotros. ¿Hay algo mejor? Eso es bondad y bienestar. ¿Cuántas veces hemos pasado el día malhumorados, quejosos, amargados? Comparémoslo con el día detallado antes: no hay color.

En KMZero estamos en un momento arrollador. Hemos llegado a un acuerdo con una persona experta en el desarrollo de empresas y marcas y creemos que podemos ir directamente al consumidor. Hasta ahora, hemos ido por el negocio, ahora toca ir al consumidor. Este proceso durará más o menos nueve meses y podremos valorar si lo podemos alcanzar o no.

En paralelo, hemos estado en una feria en Ámsterdam donde hemos sido la novedad, la revolución, y todos los grandes *players* nos han aceptado. La empresa está en un momento importante. Hemos eliminado las pérdidas generadas en el año de la COVID y prevemos acabar el año con ganancias. Recientemente, hemos tenido una reunión de consejo con los socios andorranos y se ha aprobado el plan de inversiones y desarrollo de canales. Hay una parte de internacionalización que está sobre la mesa para emprenderla con un *partner,* esperamos que sea viable.

★★★

Cuando tenía treinta años, mi padre era afiliado a Alianza Popular de Alella y yo pensé que a él le gustaría que yo también lo fuera, y así lo hice. Iba a las reuniones del partido y, sinceramente, me gustaba el contacto con las personas mayores de aquel momento del partido: Suero, Isidre de Ca la Librada, Tono y otros. Eran tertulias donde, sobre todo, te enterabas de las cosas importantes del pueblo y para el pueblo. Más tarde, quisieron que entrara en la lista de candidatos a la alcaldía y lo hice, pero no en los primeros lugares como me pidieron.

Era un momento en el que salió como presidente del gobierno a nivel nacional Aznar, que en sus primeros años gobernó con Jordi Pujol. Aquellos primeros años prometían para España y para Cataluña, pero los siguientes cuatro años de Aznar fueron terribles para Cataluña y yo me sentí muy engañado y, además de romper con la afiliación de Alianza Popular, nunca más he vuelto a involucrarme con ningún partido.

Con los años, he votado a Convergència hasta la decepción que tuve con Jordi Pujol y el giro al independentismo de Convergència me ha vuelto a decepcionar y ya no creo en la política. Haciendo un repaso de la época de democracia, solo encuentro partidos y personajes que han robado y que solo han mirado para ellos; han prometido y no han cumplido nada; han construido estructuras de partidos donde el gasto a cargo de nuestra contribución es vergonzoso; han blindado sus condiciones económicas y de gastos para su presente y para su futuro. Una pena y, vuelvo a repetir, una vergüenza.

El tema del independentismo, para mí, es otra estafa. Como catalán que soy, puedo plantearme trabajar para negociar y tener unas condiciones económicas y fiscales para nuestra región más ventajosas que las que tenemos, pero nunca buscar una independencia cuando ni la mitad de los catalanes la quieren.

Hay unos cuantos aprovechados que viven y vivirán de todos nosotros jugando con los sentimientos de la gente. El que vive en Bruselas, los presidentes con sueldos vitalicios, los partidos que por tener una silla en el gobierno pactan lo que casi nadie quiere, los ayuntamientos pequeños tienen las mismas estructuras de concejales que los ayuntamientos grandes, cuyas cámaras comarcales cuyos presidentes no hacen nada y cobran 80 000 € al año, etc. Otra vez, una vergüenza.

Creo que el país debería gestionarse como una empresa y al frente debería estar los mejores economistas, abogados, ingenieros, científicos, médicos, y hacer un plan para cuatro años vinculado con resultados. Se debería deshacer toda la estructura política actual, increíblemente costosa, eliminar todos los vitalicios y suprimir cargos y gastos en los ayuntamientos o agrupar poblaciones hasta un número de habitantes mínimo. Es decir, que cada grupo de 50 000 habitantes se gestione con una sola estructura de alcalde y concejales. Que impuestos como el de sucesiones en Cataluña se eliminaran como en el resto del Estado. Los políticos no han sabido gestionar la democracia y han decepcionado a la población con engaños y solo han estado pendientes de lucrarse ellos. Ahora tocaría cambiar eso y buscar una justicia con todo, que hoy no está.

El mal del mundo son las personas. Nos destruimos con las guerras, contaminamos el aire, generamos residuos que dañan el medio ambiente, en general perjudicamos la naturaleza; los animales son más respetuosos con ella. Además, entre nosotros, existen la envidia, la ira, la celosía, el egoísmo, que hacen que en lugar de fluir, destruyamos. La tierra genera riqueza suficiente para mantener el doble de la población existente y, en cambio, los poderosos no comparten con los más desfavorecidos. Se invierte más en armamento que en comida, más en armas nucleares que en viviendas, más en barcos y aviones de guerra que en educación.

Imagine que todo el mundo fuera amable, generoso, concienciado con el universo y la naturaleza... sería fantástico y viviríamos mucho mejor, y sería una garantía de continuidad saludable para las generaciones futuras.

★★★

Hoy, tras el puente de la Purísima, encaramos el último trimestre para alcanzar los objetivos profesionales y preparamos unas navidades con relativa normalidad tras la sacudida de la pandemia. Aunque hay rebrotes del virus, tengo ganas de estar con la familia y generar ilusiones para salir adelante.

Después de diez meses sin escribir, tengo ganas de hacer un repaso por lo que ha sucedido en mi vida en este tiempo. Empecé el año echando en falta mucho a mi madre, hace un año que no está entre nosotros. Echo en falta su presencia, pero sobre todo echo en falta esa sensación de que estaba para todo, para saber cómo nos iba la vida, los sentimientos y las emociones. En aquellos momentos he de decir que me angustiaba, me sentía perseguido, pero hoy me di cuenta de que ella solo deseaba que nos fuera todo bien, el interés que tenía era por ayudar y por tener una tranquilidad respecto a nosotros, sus hijos.

He aprendido mucho de ella: su intuición, su humor, su rapidez de reacción y no tener complejos son virtudes que intento copiar de una persona que lo tenía innato. Durante el transcurso de los años estuvo conmigo, de una manera alegre. Me gustaría que me acompañara siempre. Si ahora estuviera conmigo, le pediría muchos consejos de todo tipo, porque creo que es la persona que he conocido que menos pensaba las cosas, sencillamente las hacía.

Los inicios del año han estado rodeados por casos de CO-VID entre la familia, afortunadamente de forma leve. En Semana Santa hicimos un almuerzo en casa con la familia Gómez, familia de Ferran, el padre de los hijos de Lourdes, y que hace unos años sufrió una enfermedad incurable. Esta familia es entrañable y numerosa, y me siento muy bien cuando estoy con ellos.

En el mes de abril, y aconsejado por mi profesora de inglés, me hice una carta astral. Es de las mejores cosas que he hecho para conocerme mejor y para encontrar más sentido a las cosas que vivimos diariamente. Acertó todo lo que me ha sucedido y que me ha marcado en mi vida, tengo una radiografía exacta de mi carácter y creo que las tendencias para el futuro son un buen indicador para estar expectante y entender que todo está en movimiento constante y lleno de influencias. Ha reforzado mi creencia en el universo y también me ha convencido de que aceptar o encajar lo que venga es clave. La increíble sintonía que tiene el universo es para estar alineado y observando. Entiendo que todo es fluidez, el paso del tiempo es infalible y no se detiene, me hace ver que tengo que estar en movimiento y atento a lo que suceda a mi alrededor. Todo en el universo es perfecto, con una sincronía espectacular; solo tenemos que aprender y copiar de él. Si hacemos las cosas bien y con pasión y actitud, estamos cerca.

★★★

Hoy, 10 de noviembre, he tenido dos noticias muy buenas. La primera es que mi amigo Covi está muy bien de la intervención quirúrgica que le han hecho, y la segunda, que Marc, mi cuñado, es el heredero de una herencia familiar. Se lo merece por ser luchador y buena persona, y porque con estos ingresos, pocos o muchos, su familia y él podrán proyectar su vida de otra manera y con mucho más optimismo. De todo corazón me alegro mucho. He hablado con él para felicitarlo y he notado su bondad, su humildad y su generosidad. Me gustas, Marc, un abrazo.

Para KMZero hoy también es un día importante por una reunión que tenemos con nuestro asesor y un contacto suyo, a quien queremos explicar nuestra delicada situación en cuanto a recursos propios y muy buena en cuanto a ventas y proyectos. Ellos, en teoría, nos darán su opinión y las posibles alternativas para alcanzar los objetivos que proyectamos.

Nuestro momento es complejo porque tenemos mucha facturación, mucha estructura. Internamente, tenemos unos departamentos que nos penalizan en el resultado y la situación política global y de precios al alza de los proveedores hacen que estemos en tensión y que en la industria nos hayamos debilitado. Quizás la solución sería llegar a un acuerdo con algún *partner* inversor, quizás seguir haciendo el trabajo que estamos haciendo de poner soluciones a lo que nos ha llevado a esta situación, no lo sé, pero creo que hoy podemos empezar a ver cosas interesantes.

Ayer por la noche, por casualidad, vi una pregunta que le hicieron a Einstein referente a si él creía en Dios. Contestó que creía en el Dios del filósofo Espinoza. Eso me llevó a investigar qué decía Espinoza y… quedé sorprendido y creo que me marcará en el futuro. Intentaré resumirlo. Dice, hablando como si fuera Dios: «No os he creado para que viváis sin libertad, no me tenéis que pedir perdón, no me tenéis que alabar, no recéis ni me pidáis nada, no tenéis que seguir las sagradas escrituras ni mandamientos ni leyes que se han hecho para manipular. Mi casa no es un lugar tétrico y oscuro que habéis decidido vosotros que lo fuera. Mi casa es el mar, las montañas, el sol, el aire, el universo. No hay ni castigos ni premios, no hay nadie que audite, nadie te preguntará si has hecho el bien o el mal. En todo caso, la pregunta sería si te ha gustado o si lo has disfrutado. No hay infierno, ¿cómo puedo quemar algo que he hecho? Eso sí, estés atento en la vida y toma una guía, haz las cosas con amor y sin hacer daño a nada ni nadie. ¿Cómo se pueden poner pegas al sexo si es placer y salud?». Creo que me compraré un libro de este filósofo porque es rico y es una visión de libertad y de hacer el bien, por lo tanto, no puede ser malo.

Hemos tenido una reunión muy interesante para nuestro futuro empresarial. Tenemos la opción de activar tres estrategias con grupos de inversión: la primera como vehículo de financiación, la segunda para activar el canal home, y la tercera por nuevos proyectos. La verdad es que tengo la sensación de que eso era lo que nos faltaba para arrancar de una forma rápida y solvente. En el momento actual, sin tener dinero para inversiones, es muy difícil y lento alcanzar ganancias y una salida adecuada al negocio que tenemos y a la dedicación que los cuatro socios ponemos.

Esta mañana, mientras iba al trabajo con el coche, me han venido a la cabeza momentos de nostalgia entrañable. He recordado momentos con mi madre en Vinyoles, momentos con la familia de Gallifa, y momentos de infancia también en Vinyoles. ¡Qué bonita es esa sensación de desear que algo no se acabe o que lo bueno pudiera volver! A la vez, me gustaría sentir la misma sensación por las cosas que vendrán. Sé que es imposible, pero intentaré proyectar el futuro con estas sensaciones. Para ello serán muy importantes las personas que decida tener como acompañantes, los lugares, y mi actitud.

Después de esta reflexión, he vuelto a los problemas que tengo hoy y, automáticamente, los he sacado de mi cabeza. Me ha salido una fuerza increíble para seguir adelante y proyectar ilusión en el trabajo y en todo lo que tengo y soy. De eso yo digo caer y levantarme, como es habitual en mí.

Mi carta astral decía que a partir del 11 de mayo las cosas me cambiarían a mejor. Pues bien, el día 10 de mayo, en una revisión para solicitar una analítica, el Dr. Pifarrer del CAP de Masnou me encontró una arritmia y me hizo ir de urgencias a la Teknon. Allí, verificando que había una arritmia importante, empezaron a medicarme y programaron una visita con un cardiólogo, el Dr. Mont. En la visita, el doctor me aconsejó quemar la arritmia mediante un catéter por la femoral. No lo dudé, y el 15 de junio me operaron y estuve una noche en la UCI. Transcurridos cuatro meses, la arritmia ha desaparecido y me han eliminado totalmente la medicación. Estoy muy contento y ha sido cierto lo que decía la carta astral.

En paralelo, me hice un estudio del sueño donde me detectaron una bestialidad de apneas, 60/hora. Entre las apneas y la arritmia, el riesgo de tener un ictus era muy alto. Hoy duermo con un CPAP y las apneas casi han desaparecido. Duermo mejor y, sobre todo, he recuperado el ritmo cardíaco y las pulsaciones.

En el mes de junio viví otro de los momentos más importantes de mi vida: nació mi segundo nieto, Edu. Un niño precioso. Ya tuve una gran alegría cuando Nuria y Agus me comunicaron su intención de ponerle el nombre de Edu, al igual que su tío.

Estoy experimentando, aunque todavía son pequeños, que esto de los nietos es otra historia. Me siento casi mejor padre que antes. Con mis hijos era un aprendiz, pero con los nietos soy un sabio, un experto, un *coach* y un auténtico «malcriador».

Todo lo que me parecía mal hace cincuenta años, hoy lo encuentro bien.

★★★

Justo cuando estamos en un momento difícil de *cash flow*, nos llega una propuesta de un grupo inversor para adquirir un 30 % de la sociedad. No lo sé, pero quizás es una buena opción para conseguir liquidez en general, poder invertir en los proyectos que tenemos de *vending* y *refill,* y desligarnos un poco de la presión de tener avales personales y rebajar la deuda de intereses con las entidades bancarias. Esta situación también me hace reflexionar sobre la conveniencia de que yo dé un paso al lado, pase de CEO a presidente y descargue a la empresa de la carga de mis costes. Si esto se produjera, los cuatro socios tendríamos que consensuarlo.

★★★

Tengo una recopilación de frases que me han hecho reflexionar y con las que, en general, me identifico. Las frases son las siguientes:

Nuestro inconsciente es el canal que tenemos de comunicación con la inteligencia suprema.

Es mejor trabajar nuestras virtudes que nuestras carencias. En un 99 % no sé hacer las cosas; el 1 % es suficiente, es la clave del éxito.

No es que yo sea inteligente, sino que persevero hasta resolver los problemas.

El signo de la inteligencia no es el conocimiento, es la imaginación.

De la confrontación salen las mejores ideas.

Las mentes más claras son las mentes más sencillas en sus explicaciones.

En los negocios es clave anticiparse y asumir riesgos.

Tienes que saber tratar con gente diferente.

A la hora de relacionarse, lo peor es querer que los demás sean como uno piensa que deben ser.

No confíes los problemas a nadie y deja que los demás crean que te diviertes enormemente.

Tu capacidad de enfocar es determinante para tu éxito. Concentra la atención.

Grande es algo que va más allá del pensamiento común.

Si quieres triunfar, debes estimar la incertidumbre, el cambio y la incomodidad.

Cuida las formas.

El problema no es que te copien, es que no quieran hacerlo.

Se copian las ideas, pero no el talento, la marca o el estilo.

Utiliza la pasión como una brújula.

Solo vives una vez, haz que sea divertido.

La felicidad también consiste en lo que dejas ir por tu propio bien.

En cualquier relación, el conflicto es la norma; la solución es la gestión.

La autoconciencia constituye la piedra angular de la inteligencia emocional.

La paz empieza con una sonrisa.

Hacer que los demás se sientan bien es parte del liderazgo.

Del corazón a la inteligencia.

Tienes que pensar por ti mismo.

Las cadenas del hábito son demasiado ligeras para notarse hasta que son demasiado pesadas para romperse.

No me importa lo que pienses de mí, yo no pienso en ti en absoluto.

Viste vulgar y verán el vestido; viste elegante y verán a la mujer.

Nada es capaz de reemplazar el trabajo, ni los títulos, ni el coraje, ni la suerte.

Lo ideal es estar relajado; cuando lo estás, piensas con claridad.

El hábito de tomar notas te puede llevar muy lejos en la vida.

El éxito es una cuestión de concentración y de mantenerla en el tiempo.

El verdadero reto del trabajador no está en hacerlo todo, sino en decidir correctamente qué hacer y qué dejar de hacer, porque no hay tiempo de hacerlo todo.

Si alguien está a punto de perder los nervios, dale el timón.

No estar al volante de nuestra vida y de nuestro trabajo favorece el estrés.

Sensación de control o llevar el volante de tu vida: a) capturar toda la información; b) procesar o aclarar la información útil o basura; c) organizar o estructurar; d) evaluar, reflexionar o revisar; e) hacer.

El hábito de definir la acción siguiente, independientemente de la situación, es fundamental para mantener el control y la tranquilidad.

La causa principal de la infelicidad nunca es la situación, sino tus pensamientos sobre ella.

No se cae en depresión, la depresión se crea.

Conseguir espacios sin pensamientos es la mente.

El dolor que te provocan los demás no es otra cosa que la insatisfacción que tienes contigo mismo.

La única preocupación debería ser estar imbuido en el presente o simplemente ser y disfrutar siendo.

Tenemos que hacer lo que creemos que no podemos.

Para llevarte a ti mismo utiliza la cabeza; para llevar a los demás, utiliza el corazón.

Sin emoción no hay proyecto.

Para los jóvenes, disciplina, responsabilidad y paciencia.

La gota de agua perfora la roca, no por su fuerza, sino por su constancia.

Un cliente dijo a un proveedor: «Puede ser que yo no sea la persona más interesante, pero sí la que más te interesa».

Para saber vender, debes saber de productos, pero, sobre todo, de personas.

El precio casi nunca es un problema; la gente hace cola para tomar un café cuando en casa es mucho más barato.

La primera obligación de un líder es definir la realidad; la última, dar las gracias.

En la vida, primero hay que ser, después hay que hacerlo y, finalmente, tener.

La excelencia es la suma de los detalles.

Mantén tu cara a la luz del sol y no verás la sombra.

Modifica la idea que tienes de ti mismo, ponte en valor y la vida empezará a cambiar.

Quiero aprender a ver las cosas como bonitas; así seré de los que vuelven bonitas las cosas.

Haz un cliente, no una venta; es lo que perdurará.

En un 68 %, se pierde un cliente por indiferencia y mala atención.

Los clientes malos se pierden por precio; los buenos se pierden por mal servicio.

El arte de dirigir es saber cuándo tienes que abandonar la batuta para no perjudicar a la orquesta.

Ser reactivo nunca permite estar en una situación de liderazgo, solo ser uno más.

Antes de abrir la boca, piensa: el autocontrol es esencial.

Es mejor contratar a una persona con entusiasmo que a una persona que lo sabe todo.

El grado de madurez de una relación depende de tu capacidad para gestionar los momentos de tensión, tanto de éxito como de fracaso.

No tengas miedo de renunciar a algo bueno por algo excelente.

Una marca no es más que una promesa de valor, y eso significa que cuando mejor es tu marca, menos vendes y más te compran, fruto de apostar valor de manera consistente en el mercado.

Solo la confianza lleva el talento hasta el límite.

Un directivo debe volverse especialista en los seres humanos que tiene a su alrededor. Cada persona es un enigma que debe descifrar.

El punto de encuentro con el liderazgo es la convicción y la autenticidad.

El aplazamiento es el asesino de la oportunidad.

A menudo, un éxito nos hace pensar que somos los mejores, cuando en realidad nunca lo seremos, solo lo compartimos con muchos otros que también lo tienen.

La clave del éxito es una palabra: generosidad, sin pedir nada a cambio.

Cuando estás luchando por tus metas, lo que menos necesitas es que interfieran los pensamientos y los comentarios negativos de otras personas.

El secreto de las ventas es tener un genuino interés por ayudar a los demás.

Para cerrar una venta, no tienes que esperar un sí o un no del cliente; mejor, ofrecer alternativas para que sienta que es él quien está escogiendo.

Nunca te rindas porque nunca sabes si el próximo intento será el que funcionará.

Puedes ir tan lejos como tu mente te permita; puedes alcanzar lo que creas. Recuérdalo.

La norma de oro es trata a los demás como quieras que te traten a ti.

Estimar la vida es estimar lo que haces y solo hay una manera de amar verdaderamente: dándolo todo.

Tienes que pensar lo justo y después actuar.

La cualidad más marcada en los grandes hombres es la confianza en ellos mismos.

Un maestro en el arte de vivir no hace diferencia entre el trabajo y el juego, lo que debe hacer y el placer, su mente y su cuerpo, la educación y el entretenimiento.

Es la repetición de afirmaciones lo que lleva a la creencia, y cuando la creencia se convierte en convicción profunda, las cosas empiezan a suceder.

Para dar lo mejor de ti, antes debes conectar con tu esencia, con quién eres y cuál es tu propósito en la vida. Es el único método totalmente fiable para llegar a ser rico. Sé siempre agradecido.

Te has criticado durante años, intenta aceptarte y observa lo que pasa.

Las grandes leyes de la naturaleza son: no corras, no seas impaciente y confía en el ritmo eterno.

La ley de la vida es la ley del subconsciente y la ley del subconsciente es la ley de la fe.

Solo se te pide que aceptes como verdadero tu deseo. Si te atreves a declararlo, lo expresarás.

El éxito es control mental y control mental significa que yo decido y elijo lo que pienso en cada momento.

En la vida hay dos cosas que debes tener presentes desde el minuto uno: la primera es que no existen los límites y la segunda es que no existen personas especiales.

Espera problemas como parte inevitable de la vida y, cuando lleguen, mantén la cabeza alta.

Nunca llegarás a tu destino si te paras a tirar piedras a los perros que te ladran.

Hay una palabra imprescindible para caminar por la vida: flexibilidad.

La amabilidad conquista: sé amable, sé amable, sé amable.

La suerte no te hará exitoso; coger compromiso con el éxito sí te hará tener suerte.

Son claves la transparencia, la confianza y la humildad.

El enfoque más eficaz es delegar tanta autoridad como sea posible y fomentar las habilidades de liderazgo de los demás.

Ganar consiste en anticiparse a lo desconocido y crear algo nuevo.

No hay nada más importante que tomar conciencia del propósito de la vida.

El universo siempre ayuda cuando te atreves a caminar en dirección a tus sueños.

El veneno más peligroso es el sentimiento de haber conseguido algo; el antídoto es pensar cada tarde que se puede mejorar al día siguiente.

El orgullo nace del ego y nos condena: lleva a no reconocer errores, a no aceptar debilidades, a infravalorar las opiniones de los demás, a no compensar carencias, a no realizar autocrítica y a ser ajeno al entorno y a las tendencias.

La verdad es reconocer los errores, ser honesto con las debilidades, transparente con nuestras opiniones y no esconder nunca los problemas existentes.

Lo más importante para un grupo de gente que trabaja junta son la cultura, los valores que tienen y cómo trabajan juntos en función de estos valores.

Tu gente es tu marca; cuida a los clientes y el negocio se cuidará de sí mismo.

Si estimas lo que haces y siempre pones primero al cliente, el éxito será tuyo.

Solo eres tan bueno como la gente que contratas.

Delegar es un aspecto fundamental.

La calidad de un líder se refleja en las normas que establece para él mismo.

La vida no te está sucediendo, la vida te está respondiendo.

Miguel Ángel dijo: «Vi al ángel en el mármol y esculpí hasta liberarlo».

Hay una cualidad imprescindible para ganar: claridad de propósito y deseo para conseguirlo.

Nunca podrás escapar de tu corazón, así que es mejor que escuches lo que te tiene que decir.

El liderazgo nace siempre de la autenticidad. Los líderes son líderes porque tienen unas convicciones y valores fuertes en los que creen y defienden.

Si te ofrecen un asiento en un cohete, no preguntes qué asiento, solo sube.

Estar en un equipo ganador es hacerse ganador.

Lo que cuenta en la vida no es el hecho de haber vivido, son los cambios que hemos provocado en las vidas de los demás lo que determina el significado de la nuestra.

El liderazgo consiste en hacer que los demás sean mejores gracias a tu presencia y asegurarte de que este impacto perdure en tu ausencia.

Nunca cambiarás tu vida hasta que cambies algo que haces diariamente.

El secreto de tu éxito se encuentra en tu rutina diaria.

Concéntrate en ser productivo, no en estar ocupado.

El éxito de una persona en la vida se mide por la cantidad de conversaciones incómodas que está dispuesta a mantener.

Lo difícil no es llegar arriba, sino nunca dejar de subir.

No son incompatibles la exigencia y el tacto, la disciplina y el aprecio, la rectitud y la amabilidad.

La bondad es la característica de mayor inteligencia de una persona.

La valentía disminuye cuando no la usamos, el compromiso languidece si no lo practicamos, la pasión se disipa si no la expresamos.

Tu calidad de vida depende de la calidad de tus pensamientos.

Tu mente dirige tu vida.

La flexibilidad es una de las cualidades que mejor definen a las personas de alto rendimiento.

Relativizar es especialmente recomendable para el bienestar emocional.

Poner la responsabilidad en uno mismo es el punto de partida para que pasen cosas buenas.

La disciplina es el factor más importante del éxito, y la disciplina es hacer lo que se debe hacer aunque no apetezca.

El éxito es saber cuánta gente vive mejor gracias a que tú existes.

La conciencia es la voz de Dios que habla; nuestros actos vuelven a nosotros más pronto o más tarde con sorprendente exactitud.

La desgracia descubre en el alma luces que la prosperidad no llega a percibir.

Practicar la meditación frena la ansiedad y el estrés.

Vive una vida buena y honorable. Después, cuando seas mayor y mires atrás, serás capaz de disfrutarla por segunda vez.

No puedes hacer daño al culpable no perdonándolo, pero puedes liberarlo si lo perdonas.

Quien no adopta una postura de generosidad a la hora de compartir pone en evidencia su inseguridad, olvidando que cuanto más se da, más se recibe.

La crítica, aunque tengas razón, es inútil porque pone a la otra persona a la defensiva y hace que trate de justificarse.

Somos seres emocionales antes que racionales.

No intentes ganar la batalla intelectual; cuando se gana al rival, haces daño a su orgullo y a su caridad.

Para ser interesante, interésate por los demás; a nadie le gusta que le den órdenes, mejor haz sugerencias.

Si te equivocas, admítelo rápido y contundentemente.

Cuando deseas algo de verdad, el universo conspira para que se haga realidad.

Si quieres ir rápido, ve solo; si quieres llegar lejos, ve acompañado.

Creer es crear.

Debes aprender a ponerte en contacto con la más profunda y pura esencia de tu ser.

Los sentimientos son el lenguaje de tu alma.

Confía en lo que sientes más que en lo que piensas.

Pon atención a tu vida interior para que puedas guiarte por tu intuición.

Solo hay dos tipos de pensamientos: los basados en el amor y los basados en el miedo; unos construyen y los otros destruyen.

Lo que más nos irrita de los demás es aquello que puede conducirnos a un mejor entendimiento de nosotros mismos.

La generosidad es un egoísmo inteligente.

Es probable que las mejores decisiones no sean fruto de una reflexión, sino el resultado de una emoción.

La amabilidad es rentable: cuesta poco y vale mucho.

Aprender a creer en uno mismo es el punto de partida para alcanzar objetivos.

La intuición es un silbato del alma.

La sabiduría es inspirar, nunca imponer.

La serenidad no consiste en estar protegido del temporal, sino encontrar la paz en medio del caos.

La felicidad no es una búsqueda, es un estado de serenidad interior que tiene que ver con estar cien por cien en el momento presente, aquí y ahora.

El aprendizaje es el principio de la riqueza, de la salud y de la espiritualidad.

El tiempo vale más que el dinero; siempre puedes obtener más dinero, pero nunca puedes obtener más tiempo.

La autorresponsabilidad es el primer requisito del liderazgo. No busques culpables, céntrate en encontrar soluciones.

Mira cada día como una oportunidad para invertir en la vida, para compartir una experiencia con alguien más.

Las personas no recuerdan lo que nosotros creemos importante, sino lo importante para ellas.

El miedo es un interés que se paga por una deuda que no se tiene.

La felicidad es darse cuenta de que nada es demasiado importante.

El humor lo relativiza todo.

Cuando te dominas a ti mismo, nada te puede alterar, ni la adversidad ni las personas.

Aprende a confiar en lo que está pasando; del silencio saldrá algo, la tempestad dejará de chillar fuerte.

La rigidez conduce a la infelicidad, la flexibilidad al contrario.

La función del líder es estar a disposición de la gente, porque es la gente quien hace que las cosas pasen.

Las cosas importantes de la vida —afecto, lealtad o compromiso— no se pueden comprar; se tienen que ganar.

No somos máquinas pensantes que sienten, sino máquinas con sentimientos que piensan.

En el mundo no hay nada más sumiso y débil que el agua; en atacar lo que es duro y fuerte, nada puede superarla.

La diplomacia te saca de un problema en el que el tacto te hubiera ahorrado meterte.

La dureza a menudo destruye; la suavidad, con frecuencia, esculpe.

El líder es mejor cuando la gente apenas sabe que existe. Cuando su trabajo está hecho y su objetivo alcanzado, ellos dirán: «Nosotros mismos lo hicimos».

El poder se encuentra dentro de ti, tú puedes sanar tu vida.

Enfadarse es un mecanismo de defensa. Si estás a la defensiva es porque tienes miedo.

Cuando dejas tu ego, nadie te puede hacer daño.

A medida que el ego desaparece, también lo hace el miedo. No hay nada de qué tener miedo si no hay nada que perder.

El mundo está lleno de sufrimiento, pero hay muchas personas que lo han vencido y que en la lucha han descubierto algo valioso.

La clave está en cambiar viejos hábitos por otros nuevos. Es fundamental diseñar y alinear una serie de estrategias para lograrlo:

1- Necesidad: ir a mejor.

2- Encontrar o tener un entorno emocional que ayude.

3- Un *coach*: felicitarse por cada logro.

Ante un mal pensamiento automático, hay que detenerse de manera consciente a neutralizarlo para escoger lo que nos conviene.

No podemos hacer grandes cosas, pero sí cosas pequeñas con un gran amor.

La crítica es el cáncer del corazón. Si juzgo a una persona, no tengo tiempo de amarla.

Cuando hago el bien me siento bien; cuando hago el mal me siento mal.

La medida del éxito viene definida en buena parte por cuántas personas ven mejorar su vida gracias a nuestra exigencia.

La capacidad de aprender continuamente y de ser joven toda la vida es esencial para competir.

Cuando tu deseo es suficientemente fuerte, llegarás a tener superpoderes para alcanzarlo.

La fe no es otra cosa que creer de todas todas en algo antes de verlo materializado.

El deseo sin fe sirve de poco.

El bambú chino, una vez plantada la semilla, tarda cinco años en sacar la punta. Después crece hasta llegar a veinticinco metros de altura.

No es valiente el que no tiene miedo, sino el que sabe conquistarlo.

La libertad supone sobre todo una cosa: la opción de ser uno mismo.

Perdonar no es solo hacerlo de palabra, sino demostrarlo con los hechos.

Tienes que creer en ti cuando nadie lo hace. Eso es lo que te hará un ganador.

No intentes entenderlo todo de manera inmediata, acepta lo que pasa y sigue adelante.

El carácter es mantener una actitud de serenidad cuando aparece la tormenta sin dejarse llevar por ella.

Quien mira hacia fuera sueña, quien mira hacia dentro despierta.

El verdadero triunfo es mantener la independencia sin aislarse, haciéndose respetar y no dejarse anular por la masa.

Toda persona que conozco es superior a mí en algún sentido. En este sentido, aprendí de esta.

Saber que una vida ha transcurrido más felizmente porque tú has vivido, eso es haber triunfado.

El talento tiene que ver con el placer, y el verdadero placer es hacer lo que crees.

★★★

En KMZ hemos tenido muchos problemas de *cash flow* estos últimos meses. El aumento de precios de los proveedores, los retrasos en los cobros y una estructura muy pesada han hecho que fuéramos muy justos de dinero. Gracias a un préstamo de nuestros socios andorranos y a un ajuste de la estructura de personal de doce personas, será posible tener una tesorería lineal este 2023 y unas ganancias proporcionales al tiempo que llevamos luchando los tres socios y al reconocimiento que tenemos hoy en el mercado.

De todas maneras, estoy muy preocupado por la deuda que tenemos: las pólizas siempre al límite y tres préstamos que hacen que tengamos que pagar mucho dinero cada mes. He estado pensando mucho en lo referente a una posible solución y solo me vienen a la cabeza dos: estabilizar la empresa a nivel de liquidez y quitarme la angustia de la deuda. Para la primera, la solución podría ser vender un 30 % de KMZ y a la vez hacer valorar los nuevos proyectos con una ronda de inversores; conseguido esto y en función del importe logrado, reducir la deuda y luego ver si el importe restante es suficiente para que yo pueda tener un papel más de consejero que de CEO. Eso querría decir que el 30 % de venta de participaciones serían las mías, me quedaría con un 10 % y los demás conservarían las mismas que tienen ahora. Si esto se produjera, mantendría unas condiciones de nómina bajas hasta el día de mi jubilación y, una vez llegara este momento, todo el coste actual de mi nómina más gastos desaparecerían para la empresa.

Otra opción podría ser vender igualmente el 30 % de KMZ, pero de manera proporcional a las participaciones de cada uno de los socios, sacar la deuda y destinar el resto como inversión para tener una empresa mucho más sólida económicamente. Esta solución quizá sea la mejor para la empresa y también para mí. Me conozco: hoy quiero dejarlo todo y estar tranquilo, pero sé que no se puede especular y controlarlo todo. Por lo tanto, es mejor participar y solucionar los problemas que vayan surgiendo, porque al final esta empresa me gusta mucho y abandonarla no sería bueno.

Constantemente tengo una inquietud sobre cómo utilizar mi tiempo. Quiero estar en el despacho, pero no tengo ocho horas de trabajo. Quiero ir a jugar al golf, y si voy, tengo remordimientos. Quiero escribir, leer o estudiar inglés, pero nunca encuentro el momento ni soy constante. Quiero ir a jugar al pádel y no sé con quién. En fin, es un problema que tengo yo, mi cabeza y mi tiempo, y que tengo que resolver.

★★★

Hoy ha sido un día muy especial después de un día bastante duro para mí. Me explicaré: ayer hizo dos años que nuestra madre está con nosotros desde otro lugar. Además, me frustré con Lourdes por su respuesta sobre un tema que estábamos hablando y porque también salió un contacto de Marc, mi cuñado, para hacer un test deportivo a Julia. Total, la culpa fue mía por tomarme la respuesta de Lourdes a nivel personal y, en segundo lugar, por tener celos en la cuestión del asesor deportivo solo porque no había sido una idea mía. Mi comportamiento ayer por la noche con Lourdes, Gerard y Julia fue lamentable: serio, sin hablar y con una inquietud interna muy importante que me hizo darme cuenta de que estaba actuando mal. Por la noche intenté suavizar el tema familiar con alguna excusa creíble, pero no única. Además, por la tarde habíamos tenido, a nivel de KMZ, una reunión con nuestro asesor donde el análisis y la conclusión no fueron para que yo estuviera tan poco receptivo y antipático.

Son esos altos y bajos frecuentes en mí, y estoy en el camino de solucionarlo, pero no acabo de conseguirlo.

Pero, como ya he dicho, hoy ha sido un día muy especial: por la mañana he llamado a nuestro asesor para felicitarlo por la reunión mantenida y porque fue duro con nosotros en cuanto a lo que teníamos que hacer a partir de ahora. También hizo un análisis muy bien hecho de nuestra empresa que se resume así: tenemos que aceptar la situación débil de *cash flow* durante los meses que tardaremos en ver las acciones de rentabilidad que estamos llevando a cabo y tenemos que ser estrictos y rigurosos con la reducción de estructura y no tener miedo porque nuestra empresa es rentable y el futuro con los nuevos proyectos, esperanzador.

Hoy también hemos tenido una sesión grupal con nuestro *coach* para explicar la situación actual de KMZ y el trabajo a desarrollar en los próximos meses, una vez consolidada la estructura. Todos estamos totalmente a favor del plan y vemos grandes posibilidades en el proyecto en los próximos años.

Uno de los temas que he tratado con el *coach* a solas es que yo tenía que planificar mi salida como CEO, aunque me gustaría alcanzar más un papel de presidente o asesor. Esto plantea un problema: ¿cómo elegir entre Agus e Iván, dos personas con mucho ego y que se han acostumbrado y aceptado que yo fuera su jefe? Hemos acordado que primero estabilizaremos la compañía y que a partir de junio trataremos este tema entre los tres socios españoles primero y posteriormente lo hablaremos con los andorranos.

Yo, sinceramente, con las reflexiones de ayer de nuestro asesor financiero y los *coaches,* estoy mucho más relajado. Veo que, después de aceptar la situación y el plan de trabajo que tenemos para salir airosos de la situación, junto con el reconocimiento por mi parte de mis errores a todos los niveles, me siento motivado, ilusionado con KMZ y también veo que podré afrontar mi relevo con solvencia. Mi deseo es poder hacer de asesor de la compañía y que el resto de tiempo lo pueda distribuir con lo que realmente quiera. Acabo de escribir esto y pienso automáticamente: ¿por qué no lo hago? ¡TENGO QUE EMPEZAR MAÑANA MISMO! ¡LO INTENTARÉ!

★★★

Hoy me ha llegado una entrevista de un médico que ha tenido pacientes que, habiendo estado muertos cerebralmente, han vuelto y han experimentado una existencia después de la muerte. Todo esto está relacionado con la energía cuántica. El doctor hacía comparativas entre la ciencia y la cuántica. Para la ciencia, no hay vida después de la muerte; la cuántica se basa en que en el universo todo es energía, e incluso defiende que hace 13 000 millones de años todo se inició con un colapso de energía por el que se creó el universo. En este momento, el doctor abre el debate de la existencia de Dios; él dice que lo que sí es cierto es que este colapso de energía solo lo puede activar una inteligencia superior y lo deja aquí. Su teoría, por las experiencias de sus pacientes después de la muerte, es que el ser humano es eterno, es decir, una vez que el cuerpo muere, la energía que somos las personas perdura en el universo. Él mantiene la tesis de que la diferencia entre los humanos y el resto de seres vivos es la inteligencia. Esta inteligencia tiene una capacidad ilimitada y, por lo tanto, puede liberar colapsos de energía y activarse después de la muerte.

Esta entrevista ha corroborado el pensamiento que hace unos años que estoy desarrollando a partir de conocerme a mí mismo profundamente y de leer para dar explicaciones a muchas dudas que tengo sobre nuestra existencia y sobre las cosas explicables e inexplicables de la vida. Esta teoría que comparto con este doctor me da explicaciones sobre las injusticias que sufrimos los humanos y que todo es relativo ante una existencia eterna. Estoy convencido de que la gente que nos ha dejado perdura en un estado de energía y eso me ayuda a no tener miedo a la muerte. No soy capaz de ir más lejos en este tema, pero sí me siento acompañado por esa energía de la gente que amo y que no puedo ver, pero sí los siento en mi corazón.

Cada día estoy disfrutando más de mi estado mental, muy rico en autoestima. Gestiono las cosas que continuamente van sucediendo y acepto todo lo que pase, aunque no sea bueno. Como he dicho ya en algún momento en este libro, el presente es el único que cuenta. Qué decidimos hacer en este tiempo y con nuestro pensamiento es decisión solo nuestra. Las circunstancias que rodean nuestra vida ya no son cosa nuestra, ya no dependen de nosotros. Podemos poner intención y atención para alcanzar objetivos, pero en todas las situaciones intervienen muchos factores externos que no podemos controlar.

Para redondear este tema, creo que es fundamental alinearnos con el universo, con su falta de estrés, su sintonía, su ritmo, su fluidez y su maravilla.

★★★

Hoy fue un día muy duro para mí; despedimos a tres personas de la estructura. Una de estas personas hacía cinco meses que estaba con nosotros. Tiene mucho talento y, realmente, desde que, por desgracia, he tenido que despedir a muchas personas, ha sido la que me ha afectado más, aunque la conocía poco. Lo hicimos por una cuestión estrictamente económica, para poder afrontar el 2023 sin tanta carga de gastos de personal.

Este fue el final del recorte de personal. A partir de mañana, comienza una etapa con el equipo reducido, pero con mucho talento y en el que confiamos plenamente. El próximo día laborable haremos una reunión con todo el equipo para explicar lo que hemos llevado a cabo desde hace meses con el único motivo de sanear la empresa y hacerla rentable.

De todas maneras, los cuatro socios debemos reflexionar sobre dónde nos hemos equivocado, pedir disculpas a todos por los errores que hayamos cometido con ellos y hacer una autocrítica constructiva tanto de nosotros mismos como de KMZero Water.

Ahora toca remar hacia arriba, aprender de los errores y disfrutar del viaje de llevar una empresa que quiere dar servicio, mantener los puestos de trabajo, crecer con rentabilidad y mantener nuestro objetivo de hacer las cosas bien.

El equipo está reaccionando muy bien. Han aceptado los motivos por los que hemos tenido que tomar decisiones difíciles. Los veo motivados y con ilusión por lo que vendrá:

solidez de estructura, financiación para nuevos proyectos y futuro con proyección de mejora dentro de la empresa.

★★★

He conocido a un psiquiatra que hace unos test orientados al deporte. Julia los ha hecho porque quiere ser profesional de fútbol, y el resultado ha sido que tiene capacidad para conseguir lo que se proponga; solo tiene que tomar decisiones y proponérselo. Lourdes, Gerard y yo también lo hemos hecho. En cuanto a mí, el resultado también ha sido bueno: tengo capacidad para el deporte de alto nivel y, en cuanto a la personalidad, soy sociable, quiero el bien común y tengo capacidad para gestionar equipos. Tengo una buena autoestima, soy sensible y también tengo capacidad y recursos para alcanzar lo que me proponga. En situaciones y decisiones críticas, si no puedo resolverlas como yo quiero, prefiero que las solucionen los demás. Claramente, aunque me cuesta decidir, quiero hacerlo todo a mi manera.

★★★

Hoy ha sido un día importante para mí. Hace unos días, Agus me habló de su boda, que será de aquí a cuatro meses, y tenemos que hablar de los invitados y de cómo les puedo ayudar a nivel económico. La boda promete; ellos, o mejor dicho, ella, es muy mediática y las dos familias son potentes tanto en número como en ganas de hacer una buena fiesta. Durante unos días he estado reflexionando sobre los invitados. He de decir que me ha costado; he ido adelante y atrás con cada persona candidata a ser invitada. Hace muchos años que no me veía en esta situación y, por lo tanto, para mí era difícil y requería mucho análisis. Al final he decidido con el corazón, con lo que realmente me hacía ilusión. La ilusión es evidente cuando es cuestión de algo relacionado con Agus. Él lo es todo. Agus y Edu son las dos personas que amo por encima de todo.

Es quizás la última gran fiesta que tengo la posibilidad de vivir. Perdón, tengo que pensar en la antepenúltima, porque me gustaría poder disfrutar igualmente de la fiesta para Julia y Gerard. Las de Apolo y Edu pequeño ya son más difíciles, porque tendría mil años (es broma). El placer me lo da pensar en estar con toda la familia y toda la gente que, por ser invitados por una u otra persona, son personas que se merecen estar en un momento tan especial para nuestra familia y para nuestra vida. Al final, la vida son momentos, y este tengo muchas ganas de vivirlo y compartirlo. Nuria y Agus nos han llamado para agradecer la aportación económica y nos han dicho que no nos agradecen lo suficiente por lo mucho que les ayudamos. Yo les he comentado que lo hacíamos porque en este momento podemos y porque, para nosotros, compartir y estar implicados con la ilusión de un acontecimiento único es muy importante.

Hoy también ha sido un día especial porque ha nacido el primer hijo de Juls e Iván, Nil, un niño muy esperado por todos, yo me incluyo. Son de la familia para nosotros. Iván para mí es como un hijo, y por lo tanto, me gusta todo lo que le va bien y sufro para que todo le vaya bien. Sé también que el aprecio es mutuo. ¡Felicidades!

Hace unos días, Agus e Iván me comentaron su decisión sobre mi propuesta de convertirlos en CEO. Ahora no quieren asumir este rol porque consideran que no es el momento. Dicen que tenemos que estar los tres al máximo de nuestras posibilidades, y que necesitan lo mejor para alcanzar los retos que nos hemos marcado para el futuro inmediato, el futuro de consolidar la empresa, sobre todo para ir a una ronda de inversores para los nuevos proyectos.

Esta conversación entre ellos ha conseguido lo que yo quería: que hablaran, que se unieran y que se comprometieran a que en un futuro cercano puedan actuar con un solo criterio en la toma de decisiones. Su decisión la veo bien y creo que en unos meses podremos discutir mi propuesta.

Hemos ido a comer con David. Él se sentía poco valorado por nosotros y estaba muy quejoso de todo. Nosotros tres hemos reconocido el error de no valorar la actitud y la implicación que él siempre nos ha demostrado. Le he pedido que cambie la expresión de la cara porque lo queremos escuchar y hacerle una propuesta que lo deje tranquilo y motivado; lo haremos. David es una persona que aprecio mucho y él también me ha demostrado una gran estima.

No todo ha sido bueno hoy. Mañana había quedado con mi amigo Enric para ir a comer, pero me ha llamado Reyes para decirme que Enric no se encuentra bien y que tenemos que quedar otro día. Tengo muchas ganas de que se recupere. Sufre una larga enfermedad y, como dice él, su trabajo es estar enfermo: pruebas, tratamientos, medicamentos, mucha paciencia y una actitud increíblemente buena para gestionar este momento de su vida. Es una persona que conozco bien desde hace treinta años. Hemos hecho deporte juntos durante muchos años: *squash*, moto de trial, fútbol sala, ráquetbol, y también hemos hecho infinidad de comidas y cenas con unas tertulias acompañadas de cava que todavía hoy me hacen sonreír por lo bien que lo pasábamos. Tozudo y entrañable, bueno y un gran amigo por el apoyo que me ha dado en los momentos más difíciles de mi vida. Él y Reyes cuidan mucho los detalles en una relación de amistad: nunca se olvidan de los cumpleaños, se interesan por mis cosas y se alegran de todo lo que me va bien. Son los amigos ideales y quiero que me acompañen toda mi vida. Gracias por cómo sois.

Estos últimos días he tenido en la cabeza la cuestión de los amigos. Seguramente debido a hacer la lista de invitados a la boda de mi hijo, inicialmente pensé que tenía muchos conocidos, pero pocos amigos. No es así. El problema es que lo analizaba de una manera muy exigente, idealizando cómo yo quería que fueran, y no debe ser así. La gente es como es y tiene derecho a relacionarse con quien quiera. La relación de amistad no debe estar condicionada por cómo uno quiera que sea, debe ser libre, honesta y transparente. Las ideas, la personalidad y la manera de ser de cada uno no deben ser únicas; solo tienen que ser buenas para acompañarnos y hacer que nos sintamos bien cuando estamos juntos. Visto así, he encontrado más amigos de los que me pensaba que tenía. Seguro que los elegidos estarán a la altura siempre; eso sí, tengo que sembrar para que estén siempre a mi lado. La amistad puede perderse por desengaños, decepciones o por falta de cuidar la relación. Yo, concretamente, he perdido dos por haberlos traicionado sentimentalmente. Me arrepentiré toda la vida, sobre todo, por no haberlo dicho. Hice tarde. Hace tiempo que pedí perdón de todo corazón y desde mi arrepentimiento interior más sincero.

Mis amigos:

Josep M. Cairat me ha demostrado que cree en mí, que la comunicación es transparente, que tenemos una dosis de humor similar y que los dos estaremos dispuestos a ayudar para lo que haga falta.

Joan Oliva, uno de mis antiguos amigos, nos vemos poco, pero sabemos que nos tenemos.

Enric, el corazón más bueno que conozco, siempre está.

Kiku, nos conocemos muy bien desde hace muchos años, nos creemos. Mi divorcio nos separó para respetar a su pareja Anna, pero también sé que está.

Pedro, muy introvertido, pero conectamos con el humor y tenemos una relación fácil.

Jordi Moller, el amigo más centrado, más responsable, el amigo que se debe tener, sentido común auténtico.

Toni, solo tenemos que mirarnos para saber qué pensamos. Me veo a mí con quince años menos, nos gusta agradar y hay mucha complicidad entre nosotros.

Covi, el amigo negativo en la expresión. Todo lo encuentra mal, pero te lo daría todo, siempre y cuando no sean bolas de golf.

Castell, el amigo despistado, tiene muy buen criterio con todo lo que tratamos, y ha sido capaz de ayudar siempre.

Jordi Ferrán, extravertido, con un humor recurrente, muy llano y confidente. Podría haber participado en negocios con él.

Borràs, humor puro, nos admiramos mutuamente, muy directo y muy social.

Marc, el amigo más inteligente que tengo, buen fondo y confidente, tiene mucho talento creativo.

Dani lo sabe hacer casi todo, meticuloso sobre todo cocinando, despistado, buen amigo para compartir tertulias.

Manu, muy inteligente, el amigo más egoísta que tengo. Con él he pasado lo mejor y lo peor, pero la balanza de lo peor es culpa mía, y la de lo mejor es que me ha servido para aprender mucho. Al final soy como soy y me gusta gracias a este aprendizaje.

Con el paso de los años y en las diferentes etapas de mi vida, he tenido muchos amigos, sobre todo en la etapa de mi matrimonio, entre los veinticinco y cuarenta años: amigos para ir de fiesta, amigos para viajar, amigos para hacer deporte, amigos para hacer cenas y tertulias. Hoy mantengo una relación cordial, pero lejos de la amistad del pasado. La circunstancia del divorcio fue clave para este desenlace. No fue fácil para mí en ese momento porque siempre he estado rodeado de gente, pero también ha sido clave para aprender a estar solo. Tengo las dos cosas: saber estar solo y saber estar acompañado y puedo decir que actualmente me apetece estar solo y en silencio, pensar, imaginar y proyectar la vida a partir de cada instante, valorar mucho el presente, valorar mucho quién soy y con quién quiero estar.

He de decir también que tengo una manera de ser que hace que espere mucho de todos y la vida me ha dicho que no espere nada de nadie y, si llega, bienvenido sea, y, si no, que no haya tenido que depender de ellos.

★★★

Hoy, 15 de febrero de 2023, hace siete años del nacimiento de Puigmon —hoy KMZero—, y lo hemos celebrado con una botella de cava en la oficina y con un mensaje a todo el equipo, muy sincero, reconociendo las dificultades pasadas y la esperanza de cara al futuro. Ha sido muy especial para mí el abrazo con Agus. Él es la clave de todo, la persona más valiosa de la compañía por su saber estar, por su presencia que llena el espacio y transmite seguridad, su involucración total con lo que decimos y con lo que hacemos, lo que sabe más del agua… Él lo es todo para mí, pasado, presente y futuro, la persona que más admiro y ojalá fuera como él. Lo admiro muchísimo. Solo me gustaría que mejorase la manera verbal de hacer presión, medio en broma y medio en serio, pero que a gente como a mí nos provoca cierto estrés y a veces reacciono mal. Nada, un detalle que quizás sea una mala interpretación mía.

Todo y que se acerca una fecha difícil para toda la familia, el 4 de marzo, tengo mucha ilusión por la compañía en cuanto a la nueva etapa después de la gran reestructuración que hemos tenido que hacer y por los nuevos proyectos que ya estamos preparando. También tengo ilusión por la ronda de inversores que nos puede llevar a una situación más estable; tengo ilusión por la boda de Agus y Nuria; tengo ilusión por que salga definitivamente el proyecto de La Sarreta; tengo ilusión por el viaje a Petra; tengo ilusión por estar con los nietos, Álvar y Nil incluidos; tengo ilusión por disfrutar de mis hermanos; tengo ilusión por arreglar espacios míos en casa; tengo ilusión por hacer deporte… en fin, como veis, tengo muchas ganas de todo.

También estoy leyendo un libro que se llama *El arte de no amargarse la vida*, que va de deseos y necesidades. Los deseos son buenos siempre que no sean obsesivos, y con las necesidades básicas como comer y beber ya se puede ser feliz. Habla de la gestión del pensamiento como base para las emociones y, sobre todo, de la aceptación y de no quejarse.

La felicidad depende de nosotros. Para mí, solo es un estado de bienestar, haga lo que haga y tenga lo que tenga. Es individual y no debe depender de nada ni de nadie. Yo soy feliz.

Estoy intentando cambiar mi cara desde la mañana, el parecido serio habitual en mí. Quiero hacerla más suave y relajada. Es importante cómo te proyectas, tanto desde dentro de ti como de cara al resto de la gente. Es para mí un gran reto, porque llevo toda mi vida con este semblante. Si consigo lograrlo, sé que será mi gran obra de cara a la transformación que me marqué ya hace años y un reflejo de todo lo que he estado trabajando desde mi interior. Es lo que me falta y será posible si realmente he cambiado. Dicen que la cara es el espejo del alma. Me lleno la boca de decir que estoy bien y soy feliz, pero mi cara no lo dice. La última lucha que tengo es mi ego y la tendencia a cogerme las cosas personalmente. Estoy haciendo un esfuerzo diario en este sentido. A menudo me siento agredido por los comentarios de casi todo el mundo, y sé que realmente es algo mío. La gente lo hace sin mala intención, pero yo lo interpreto mal. Lo conseguiré, y mi cara cambiará.

Hoy empieza una semana especial. Es la semana de la convención; la semana de la *calçotada* familiar para recordar todos juntos a Edu; la semana para preparar la reunión con un *partner* referente a una posible fusión; la semana de hablar con el alcalde sobre el tema de la Sarreta; la semana de celebrar con Enric que su enfermedad evoluciona muy bien; y la semana de empezar a cambiar mi cara. La próxima semana, y en concreto el día 8 de marzo, la persona que me hizo la carta astral me dijo que empezaba una buena etapa para mí. Yo seguro que lo pondré todo para que sea así: ganas, ilusión, predisposición y la intención de hacer las cosas fáciles para mí y por los que me rodean.

También estoy trabajando en mi relevo generacional. He de decir que mi voluntad es que sea parcial en la práctica porque no pienso abandonar, pero sí veo que lo tengo que hacer antes de que sea demasiado tarde, sobre todo por mi edad y por una cuestión de actualización y ritmo frenético de evolución. Para mí, es un ejercicio vital, de constante análisis y, sobre todo, de aceptación de todos los parámetros que he de tener en cuenta. Tengo ganas de que sea algo positivo para mí, para Agus, para Iván, para los socios, para el equipo y para la empresa en general y, lógicamente, para mi familia.

Los motivos que me han llevado a dar este paso al lado son que no tengo ocho horas de trabajo, no tengo rol ejecutivo en el día a día; estoy encima de todo, pero no como ejecutor. En la parte de nuevos proyectos soy espectador y, en general, soy de otra generación en todos los sentidos. No lo digo para dar lástima, sino porque lo siento así y con mucho orgullo. Siempre he presumido de anticiparme a las cosas y ahora no debe ser diferente.

De todas maneras, me gustaría hacerlo bien, seguir aportando el valor que creo que tengo, ayudar con mi conocimiento y experiencia a todo el equipo, ayudar a tomar decisiones con base en el análisis y la conveniencia para la empresa, dar mi opinión por el bien común y, principalmente, vivir la evolución favorable que esta empresa debe tener para estar haciendo bien las cosas según el criterio inicial que voy a tener y que no modificaré.

Hoy, 6 de marzo, tengo una contractura debido a la tensión de esta última semana. Ha sido una semana de recuerdo especial para Edu. Este año, en lugar de hacer una misa, hemos hecho una *calçotada* toda la familia para recordarlo juntos. Ha sido fantástico en compañía, en sentimientos y en amor.

El viernes 3 vamos a llevar a cabo la convención de la empresa. Será un solo día, todo muy al grano, pero la gente lo disfrutó como nunca. El lugar, el Palauet de Gran de Gràcia, fue fantástico, y el restaurante Can Galán muy acogedor. Reservamos todo el espacio para nosotros y estuvo lleno de emoción. El personal nos agradeció la transparencia de la información, valorando, además, el gran potencial que tiene hoy la compañía.

Tuve una sensación muy especial en esta convención. Vi una empresa muy grande de proyecto y de visión, con un equipo muy comprometido que puede alcanzar grandes retos. A Agus le dije de corazón que tiene una gran empresa, que tiene que sentirse orgulloso y, sobre todo, que tiene que velar por la gente. Tiene que aprender a tratarlos aún mejor, respetándolos y escuchándolos.

Un gran consejo para todos es saber relativizarlo todo. Cualquier especulación es inútil y a menudo las cosas no son tan preocupantes como nos parece. Estoy expectante por el día 8 de marzo. La carta astral me dice que a partir de esa fecha las cosas tendrán en general un buen cariz. Estoy seguro.

En el discurso que hice en la convención, les decía que en las etapas de siete años hay luces y sombras, y que creía que en esta etapa que empieza ahora habrá muchas más luces. Me refería a la empresa, pero creo que a nivel personal también. Lo deseo.

★★★

Me gustaría empezar un espacio de sueños. Hasta ahora he hablado de vivencias, pensamientos, sentimientos y emociones, pero no de sueños.

Lo primero que quiero compartir está relacionado con las casas donde vivieron mis padres, la Miralda y Can Sans. Son fincas muy grandes y bonitas, de donde mis abuelos eran los masoveros. Mi sueño es poder tener la propiedad de alguna de ellas. Económicamente, hoy es imposible para mí, pero siempre he soñado que sería fantástico poder vivir toda la familia en una de ellas. Mi madre, cada vez que pasaba por delante de Can Sans, lloraba por los recuerdos de su infancia. Mañana voy a ver una masía en Osona para empezar a alinearme con este sueño, para sentir las sensaciones e imaginar cómo sería la vida allí con toda la familia. Aunque me siento muy realista y con los pies en el suelo, creo que las ilusiones y los sueños son importantes, siempre que no sean obsesivos, y siempre hay que empezar por algo; si no, no hay nada.

Sé que mi pensamiento de vivir toda la familia junta es muy difícil y que quizás el resto no querría hacerlo, pero yo lo veo como idílico: compartir las cosas buenas y las demás también, contagiarnos de compartir fiestas, almuerzos, vacaciones y estar rodeados de un espacio sano, natural, lleno de sonrisas y disfrutando con los más pequeños. Al final, eso es educación y cultura familiar, y creo que no hay nada más importante para mí.

Uno de los sueños a los que renuncié de joven fue estudiar una carrera universitaria, en concreto Derecho o Medicina. Derecho porque me veo en esta profesión, me apasionan los matices que tiene cualquier caso y las vueltas que se le da a todo. Medicina porque creo que es uno de los trabajos más agradecidos al hacer cosas por los demás. A veces he pensado que lo haría cuando me jubilara, pero ahora pienso que no me jubilaré nunca y, por lo tanto, será difícil estudiar. ¿Os imagináis poder curar a un familiar, un amigo o cualquier persona? Tiene que ser increíble, te tienes que sentir tan bien. Eso es lo que sueño.

Otros sueños que he tenido han sido ser un gran corredor de motos o un gran futbolista, pero estos sueños, más que para alcanzarlos, eran para imaginarlos en momentos concretos de mi vida. Vivía situaciones increíbles en la vida real, pero estos sueños todavía las hacían mejor, sobre todo en mi adolescencia.

He terminado un libro que no recomendaría, pero del que destaco cinco consejos a tener en cuenta. Primero, que seamos como somos. Segundo, que busquemos el equilibrio. Tercero, que tengamos conversaciones sinceras. Cuarto, que valoremos a los que nos aprecian. Quinto, que nos permitamos ser felices.

Creo que estos cinco consejos son muy buenos para hacer que todo fluya. El primero nos recuerda que debemos mantener nuestra identidad, nuestro carácter, y ser buenas personas sin que nadie nos pise, haciendo valer nuestra verdad. El segundo destaca que el equilibrio es importante para todo; la balanza de las cosas siempre debe estar en el medio, la moderación es clave y evitar los extremos. El tercero recomienda que las conversaciones y diálogos sean transparentes y transmitan la verdad. El cuarto remarca la importancia de valorar a la gente de nuestro entorno que realmente nos aprecia y valora; de esta manera podremos saber por qué nos valoran y cómo nos ven los demás. Siempre he dicho que nosotros no somos como nos vemos, sino cómo nos ven los demás. El quinto consejo sentencia que nos merecemos ser felices, y por lo tanto debemos permitirnos este regalo o concesión, buscarlo, perseguirlo y no tener remordimientos de dedicar todo el tiempo y la energía que queramos en beneficio nuestro.

Hoy, 8 de marzo, empieza una etapa buena según la carta astral que me hice en 2022. Me lo cogí con relajación, tranquilidad y expectante, pero con mucho optimismo. Haré las cosas bien, por pequeñas que sean, consciente de que tendré que aceptarlo todo y luchar como siempre. He añadido a mis rutinas hacer un balance diario sobre las cosas que llevo adelante de una manera positiva y relacionada con el porqué suceden, buscando un significado, porque para mí todo guarda algún tipo de relación. He de poner de mi parte, como siempre, pero todo es por algo.

También estoy intentando pensar menos, o mejor dicho, hacer que las cosas fluyan en parte por su cuenta, como aquel que dice, sin hacer nada. Cuando tengo un tropiezo, pienso que detrás de este hay algún motivo para aprender algo; siempre suele haber algún significado o una lección que leer.

Después de diferentes acciones que he llevado a cabo siguiendo mi instinto, he aprendido que estaban bien para estar alineado con mi corazón. Sin embargo, el resultado de las acciones ha hecho que deje estas cosas de una forma que no vuelvan a venir a mi cabeza. Por ejemplo, he ido a ver una masía para comprarla. No tengo el dinero, pero era un sueño para mí. Si me hubiera gustado mucho, quizás habría ido más allá para conseguirlo. Como no me ha gustado nada, automáticamente he pensado en no volver a especular con este asunto y buscar cosas de más provecho. A menudo me dejo llevar por cosas que, en definitiva, son carencias mías o para sustituir frustraciones; tengo que identificarlas todas para conseguir ser libre de esta tentación que a menudo me distrae de lo que realmente me importa.

Jugar al golf un día laborable es otra cosa que me distrae, y cuando lo hago, pienso que no debería haberlo hecho. Este es un ejemplo de pensar en algo que me parece que me hará bien, pero que, en el fondo, sé que no es lo correcto para mi manera de ser y más tarde me arrepiento.

A veces me vienen a la cabeza cosas que me gustan mucho, como un coche. Automáticamente empieza dentro de mí una gran ilusión por tenerlo, y comienzo a especular cómo hacerlo. Soy capaz de llamar a un concesionario de coches para saber el precio e incluso negociar. La verdad es que quizás ni siquiera puedo comprarlo, pero este juego de imaginármelo me encanta. Estoy seguro de que toda esta especulación es para cubrir alguna insatisfacción del momento, y me sale esta manera de contrarrestarla. Por suerte, me pasa enseguida y vuelvo a tocar de pies en el suelo cuando me doy cuenta de que es absurdo, que no lo necesito, y a la vez me siento liberado de no haber caído en tanta fantasía. Poco a poco, conseguiré centrarme en lo que me interesa: la familia, el trabajo y valorar todo lo que soy y tengo, sea mucho o poco. Es mío y tengo que disfrutarlo.

Un gran paso será sacar el estrés de la puntualidad, las horas de anticipación que me guardaba para no llegar tarde, aunque sea por algo pequeño y puntual. Llegar tarde o salir pensando que no tengo tiempo me supone un gran sufrimiento. He de crear una metodología mental que me permita ver que no existe el concepto de hacer tarde por cosas que no sean importantes. Creo que todo va relacionado en mi cabeza con que tengo que ocupar el tiempo, y el tiempo libre me lo cojo como si no tuviera nada que hacer, proyectando lo que tengo que hacer después, aunque falte mucho. Entonces, ya no meto nada en el medio porque creo que no tendré tiempo de hacerlo. El resultado… me he tomado demasiado tiempo de margen. He de saber asumir la espera sin ningún susto, buscaré cómo trabajarlo.

★★★

Hoy comienza una semana clave para el futuro inmediato de KMZ. Tenemos reunión con un posible *partner* para saber si podemos llegar a algún acuerdo de *partnership*. Yo, concretamente, querría hacerlo por la sencilla razón que he dicho otras veces: si quieres llegar lejos, ve acompañado. Ellos son el complemento perfecto de lo que nosotros no sabemos hacer: finanzas y servicio técnico/logística.

Algo que ahora que estamos buscando inversores para los nuevos proyectos, es el momento de buscar solidez. Nuestro asesor dice que el posible *partner* es diferente a nosotros, que tiene otro talante y que su interés va demasiado hacia ellos. Seguramente tiene razón, pero yo busco tranquilidad y seguridad, dentro de lo posible, para hacer aún mejor las cosas. Acabo de hacer un listado de cosas que me preocupan, y a pesar de no ser graves, sí serían mejores si las hiciéramos. Sé lo que pensáis… no se puede controlar todo, y estoy totalmente de acuerdo; pero de lo que hablo es de que, debido al miedo a las vivencias pasadas en mi vida, dentro de lo que pueda, la tranquilidad de hacer lo que puedo y hacerlo bien para mí es importante. Quiero estar bien con lo que proponemos, hacemos y nos comprometemos.

El trabajo nos proporciona orgullo si lo hacemos bien y dinero para llevar adelante las cuestiones económicas. Si lo que hacemos puede durar para los que vengan después, también será una satisfacción para mí.

★★★

Ayer, en un programa de TV, sentí que las relaciones de pareja son más etapas que relaciones. Puede tener sentido, pero también me hizo pensar que la vida, aparte de tiempo, es un camino del día a día. No sabemos qué pasará en un rato, pero sí sabemos que el momento presente es una oportunidad para disfrutar, para elegir qué hacer y para decidir cómo invertir el tiempo. A menudo lo malgastamos en especulaciones o, sencillamente, al estar preocupados o malhumorados. Es una pena: el tiempo que pasa ya no vuelve, y además no servirá para los recuerdos. Volviendo a las etapas o relaciones, las mantenemos pensando en un plazo de tiempo largo, pero la verdad es que el tiempo largo no existe; solo existe el momento de ahora.

Sería fantástico vivir este camino disfrutando cada momento: al momento de despertar, cuando contemplamos el día —llueva, nieve o haga sol—, decidimos hacer lo que nos guste en cada momento, valorando la experiencia de lo que acabamos de hacer, no pensando en el tiempo que dedicamos a hacer las cosas, improvisando en el momento de hacerlas, dejando ir la mente hacia la incertidumbre, el riesgo y la magia que tiene cada vivencia, compartiéndolo con la gente que nos valora y guardándolo para poder recrearnos cuando lo necesitemos. Hace muchos años sentí en una canción que la vida es un árbol donde las ramas son las vivencias y las hojas que caen, los recuerdos; las raíces son la educación y los valores, y la tierra y el agua son los que harán que crezcamos con salud y fuerza. La savia, la sangre y las inclemencias del tiempo y la naturaleza, las circunstancias y tropiezos que nos suceden en el camino de la vida.

★★★

La reunión con el posible *partner* fue bien. Tenemos ganas de entendernos, y nos proponemos hacer un plan de negocio y un cambio de modelo para poder avanzar en una propuesta interesante para ambas partes. Vendrá una persona de su estructura para llevarla a cabo en seis semanas, y con el resultado de lo que salga, veremos las diferentes posibilidades: seguir solos, acuerdo con un *partner,* o seguir explorando otras opciones. A mí me gusta jugar; el resultado del partido ya lo veremos, pero seguro que si mueves ficha, algo pasa. Después vendrán los análisis internos y con los socios, pero estoy seguro de que será interesante y que marcará un futuro espléndido. Lo presiento así.

★★★

Hoy, 5 de abril, he hecho una reflexión importantísima para mi gestión emocional. He sentido que la conexión que tengo con los familiares que no están con nosotros se debe al amor que siento por ellos, especialmente la conexión con Edu. Esto me ha hecho pensar que posiblemente exista la reencarnación, pero más que en otras personas o cosas, en los familiares. Para mí, desde que nacemos somos eternos y, cuando morimos, somos energía para siempre. Mi teoría es que, mientras estamos en esta vida, aparte de vivir, nutrimos a los más pequeños con toda esa energía que tenemos y después, cuando ya no estamos, los seguimos nutriendo. Por lo tanto, siempre estamos conectados. Los genes y la sangre enlazan a las familias, y el amor, que no sabemos por qué lo sentimos, para mí, es lo mágico que nos une. Los sentimientos quizás están relacionados con el sistema nervioso de la persona, pero el amor estoy seguro de que nace en el corazón y en el cerebro, y sale de una manera espontánea e intensa, sin saber por qué.

Todo esto que acabo de explicar me da fuerza, seguridad, madurez y hace que no tenga ni miedo ni dudas sobre la existencia, la vida y la muerte. Me ayuda a relativizarlo todo y a valorar lo que realmente es importante: los momentos, las sensaciones, el amor por las personas, la vida, la familia, las experiencias, la salud, los valores, la amabilidad, la actitud, la fe en lo que realmente deseas, la inmensa capacidad de nuestro cerebro… Dependemos de nosotros para alcanzar las cosas.

Hoy, pensando en Edu, me he preguntado en qué momento se despidió de mí, si en el momento del accidente o cuando, en el jardín de casa, una hora antes, yo le di un golpe en el culo como diciendo: «Ya te he perdonado por haber cogido la moto sin permiso». Él me ha dicho sonriente que nunca se ha despedido de mí, que siempre está y siempre estará conmigo y me ha ayudado a hacer unas reflexiones sobre la actitud que debo tener conmigo y con los demás. En general, he de tener una actitud amable, afable, positiva y alegre. Cuando reciba una información, la tengo que tratar con prudencia y, sobre todo, no tomármela de una manera personal y no dejar que me afecte de ninguna manera. He de poner una especie de coraza para que no puedan entrar ni la envidia ni los celos en mí. Muchos de los contactos que a menudo tenemos con las personas llevan toxicidad y manipulación; debemos evitarlos y protegernos de cara a nuestra sensibilidad, emociones y sentimientos. Estos deben ser libres y nuestros, sin influencias. Si esto lo aplico en mi vida, tanto en el ámbito personal como en el profesional, el éxito de la gestión emocional será muy favorable y un beneficio para mí, para los demás y para mi salud.

★★★

Solo falta un mes para la boda de Nuria y Agus. Me hace mucha ilusión porque, como he dicho muchas veces, es la fiesta de mi siglo. Tendré que decir algunas palabras y no me apetece nada, solo tengo miedo de emocionarme y no poder hablar. La tristeza que a menudo me invade me hace emocionar, pero de todas maneras, dándole vueltas, descubrí que la tristeza es un vacío, solo hay que llenarlo con ilusiones, con cosas que me gusten, con cosas que gusten a las personas que queremos y que ahora no están con nosotros, con fiestas como la de la próxima boda, con cosas alegres, con retos y motivaciones. Creo que esta es la única manera de que la tristeza se mitigue.

Hago un ejercicio que me va muy bien: cada cosa que me pasa y me gusta la transporto a este vacío. Me hace sentir bien y valoro mucho cada cosa que pongo. Otra manera de llenar este vacío es ser consciente en cada momento de lo que disfrutamos, del privilegio de la vida y de cuán afortunados somos de disfrutar de salud, trabajo, pareja, hijos, hermanos,

amigos, casa, comida, *hobbies*, ilusiones, sexo, sentidos, emociones, sentimientos, naturaleza, paz y libertad.

★★★

Hace unos días, me discutí con Lourdes de una manera
vergonzosa, incluso llegamos a los gritos. La discusión estuvo
motivada por tomarme las cosas de manera personal. Fue muy
triste y me llevó a hacer una reflexión muy profunda sobre
mí. En primer lugar, tengo que hacer todo lo posible para no
tomarme las cosas de manera personal. Voy a pactar con ella
que cuando tengamos esa sensación hablaremos antes de que
me afecte. En segundo lugar, podemos discutir, pero nunca
gritar. Después, manifesté el amor que siento por ella y me
he comprometido a tratarla bien hasta el día que me muera, la
respetaré y le demostraré todo lo que siento por ella, siempre y
cuando ella quiera. Hablarlo con ella nos hizo volver a poner
el contador a cero y luchar por lo que sentimos, que es brutal.
Gracias Edu, Agus y, en general, a todos los que amo; son ellos
quienes me dan fuerza para entender y reconducir.

★★★

Hoy he tenido una decepción importante. Nos hemos
reunido con el posible *partner* para firmar un acuerdo que
nosotros creíamos que era positivo para ambas partes. Nuestra
propuesta es hacer una primera alianza para fusionar la parte

en la que nosotros somos expertos (clientes, ventas, *marketing*, tecnología y nuevos proyectos) y la parte en la que lo son ellos (finanzas, servicio técnico y profesionalizar todos los departamentos). Habíamos mantenido tres reuniones previas donde se habló de hacer un plan de negocio gratuito por parte de ellos, se habló de mi continuidad, aunque yo soy mayor, y de los sueldos de Agus e Iván en esta nueva etapa. El coste de esta incorporación a nuestra sociedad era una inversión a consensuar entre ambas partes.

Nuestra sorpresa ha sido que el vicepresidente mundial del *partner* ahora lo ve difícil porque nuestro *core business* no es su preferencia, y porque, según un interlocutor suyo, «no ganamos dinero» (si ganáramos, no estaríamos hablando con ellos…). Lo entiendo y lo respeto, pero no pueden hacernos coger ilusiones durante meses y al final decir que no lo ven claro cuando en todo momento nos habían dicho que les gustaba lo que hacíamos y cómo lo hacíamos; creo que nos ven pequeños y pobres, y en el fondo no creen en nosotros. Mi intervención final ha sido dura y llena de sentimientos y emociones. Estoy de acuerdo con Iván en que en los negocios no hay corazón, pero yo sí lo tengo y creo que gracias a él hoy estamos donde estamos. El corazón nos hace pensar en los clientes y el negocio lo amamos y lo luchamos con ilusión y pasión. A las doce de la noche el vicepresidente me ha escrito diciendo que agradecía mi honestidad y cariño y que él valoraba mucho este tipo de persona y que «estaremos en contacto pase lo que pase». Yo no he podido dormir, me ha despertado mal, he tenido descomposición y he llorado mucho mi frustración pasada y presente, he hecho un recorrido por mis errores y me siento mal y con deuda con el mundo.

Más adelante, durante la mañana, mi reflexión ha sido referente a las heridas de guerra que tengo de todo lo vivido y de lo duro que es para mí la búsqueda de financiación constante, la pérdida de personal de la empresa, avalar personalmente todo con mi patrimonio insuficiente para la deuda actual y el compromiso con los socios, más allá del dinero. También he visto claro que no quiero como socios a la gente que no nos valora ni nos quiere; para mí, no sumarían a nuestra manera de hacer. Personalmente, prefiero seguir luchando nosotros solos hasta poner bonita nuestra compañía y después… ya veremos. Que tengan suerte con esta manera de hacer. Nosotros nos la trabajaremos.

Hoy también quiero hacer una reflexión referente a las personas y la vida. Las personas somos individuales, nuestra vida es únicamente nuestra y depende de nuestra actitud y de las circunstancias. Para que las cosas vayan a nuestro favor, debe haber una alineación con el universo, amor y procurar hacer las cosas con una buena conciencia.

La parte estrictamente individual de la persona la forman la capacidad intelectual y emocional, el carácter y el control del pensamiento. Si estas características son adecuadas, pueden hacer un buen escudo para la prosperidad y la salud.

Las circunstancias son la única cosa en la que nosotros no podemos intervenir. Dependen de otros factores totalmente fuera de nosotros, pero pueden ser determinantes. Por ejemplo, una persona puede tener una carta astral perfecta según las influencias de los astros, pero puede ser que viva en un periodo de guerra mundial y sufra la peor vivencia. En este caso, las circunstancias que han traído una guerra son un factor determinante para la vida de esta persona.

★★★

Hoy, 24 de mayo, he comprado un Mini Cabrio para Julia, que el día 1 de junio cumplirá dieciocho años. Sé que es un regalo excesivo para una chica de dieciocho años, pero lo hago con el corazón. Tengo el dinero y me hace mucha ilusión poder hacerlo. A menudo digo que se tienen que hacer «mordiscos a la vida» y esta es una de ellas. Dentro de todo el montaje, lo decidí solo, sin contar con su madre, porque sabía que su respuesta sería que no. He hecho muchos números y lo puedo hacer. También, hoy mismo, he ido a comer con Lourdes para explicarle el regalo y preparar cómo y qué día se lo damos a Julia. Creo que será una gran sorpresa porque no se lo espera para nada. Lourdes también ha quedado en estado de *shock* porque días atrás le dije que el regalo no era viable y que dejáramos pasar el tiempo para ver cómo evolucionaba todo: trabajo, gastos, etc.

La verdad de todo esto es que soy generoso como mi padre. Me hace mucha ilusión regalar y mi intención es que produzca alegría y motivación para quien lo recibe.

La semana próxima promete mucho: el aniversario de Julia y la boda de Agus y Nuria. Me hace mucha ilusión todo. A diferencia de otros acontecimientos que a veces me han causado respeto, inquietud o cierto miedo, estos me producen todo lo contrario. Es decir, tengo ganas de que lleguen para disfrutarlos de todo corazón. Serán emotivos, llenos de sensaciones, con la gente que queremos que esté y, como siempre digo, serán unos excelentes «mordiscos a la vida».

En la parte de construcción de mi interior, tengo tendencia cada vez más a simplificar. Ahora pienso en cuatro pilares o cuatro patas que aguantan toda mi estructura como persona. La primera es la salud; sin ella, todo es difícil. La familia, sangre de sangre, son los que me pueden entender, defender y ayudar. El trabajo, importante para la salud mental, la distribución del tiempo y para la economía para nuestras necesidades. Y por último, el ocio y el deporte, fundamentales también para la cabeza y para el físico. Ahora solo me hace falta aplicar todo esto cada día. Sería una gran solución para el equilibrio en todos los sentidos. Creo que si lo consigo podré ser mejor en todas las demás cosas que se tienen que afrontar cada día. Hablo de saber reaccionar mejor ante todo lo que se presenta en el día a día, es como una herramienta o entrenamiento para la realidad de la vida.

Tengo la suerte de tener los cuatro pilares en buen estado, por lo tanto, tengo que aprovechar el presente y la ventaja que supone tenerlos y darme cuenta. Es importante para mí que la parte de ocio y deporte la practique sin remordimientos ni presión, solo quiero estar convencido de ello y tener muchas ganas antes de hacerlo. La actitud siempre hace que lo que hagas tenga posibilidades de salir bien.

El día de la boda, Agus quiere que los padres digamos unas palabras. Yo tengo que pedirle permiso para hablar de Edu. Quiero decir que hace veintitrés años que la familia sufrió una gran pérdida, la de nuestro hijo Edu. Desde entonces tengo una gran tristeza. Esta tristeza, con los años, la he considerado un gran vacío y la única cosa que puedo hacer para salir adelante es llenar ese vacío: llenarlo de recuerdos, emociones, sentimientos y de cosas que le gustaran a él y a mí. Una de esas cosas que llenan sois vosotros. Vosotros formáis parte de mi vida: conversaciones, salidas a cenar, viajes, deporte, fiestas. Y concretamente Cristina, mis hermanos, sobrinos y nietos, por descontado; Kiko y Anna, Enric y Reyes, Lluís, Pere, Jordi, Quim y sus respectivas parejas; la cuadrilla del golf, unidos por algunos golpes que nos salen bien y unos errores espectaculares. Enric y Josep especialmente porque aguantan algún buen *drive* y un *putt* de «palmo de mierda»; Jordi, Toni, Josep M.ª y Fili Fu y los del trabajo, sin ellos KMZero no estaría donde está, y muy especialmente Iván que, con permiso de sus padres, es mi tercer hijo. Son claves actualmente también el acompañamiento que tengo con Lourdes, y Julia y Gerard que, también con permiso de los padres, son el cuarto y quinto hijo.

En lo referente a los novios, solo decir que me gustaría ser como ellos, como hijos, como padres, como amigos, como profesionales… Físicamente, mi *coach*, Mónica, cuando los conoció me dijo: «En esa casa incluso el perro es guapo».

Agus, para mí, lo es todo. Le quiero y sobre todo lo admiro por su saber estar, por su alegría y ganas de todo, honrado, noble y generoso. Nuria, la quiero y la admiro por su capacidad, energía y alegría, excelente pareja y madre, es buena en todos los sentidos.

Para terminar, empiezo a sentir que la familia Mendo y la familia Tomás forman parte de mi vida. Como podéis ver, tengo mucho de dónde tirar para llenar el vacío, y os puedo decir que haré que siempre esté lleno.

Todo eso era mi voluntad de decir o expresar, pero la verdad es que cuando llegó el momento todo fue muy diferente.

Eran las 10:30 h de la mañana del día 3 de junio cuando llegué a casa de Agus vestido con un chaqué azul y chaleco también de color azul, pero con rayas de gala, precioso. Estaban los fotógrafos, los niños y Genivi. Nuria había pasado la noche en el hotel de Alella. Entonces, me abracé a Agus y para mí empezó la fiesta y un día inolvidable. Ahí empecé a ayudar a Agus a vestirse: los gemelos de la camisa, la corbata, la chaqueta, y un no acabar de fotos por todo el jardín de su casa y con todas las posturas posibles. Poco a poco llegaron los padrinos y amigos de Agus, y también su madre. Continuaron las fotos sin parar. Los niños no sabían qué pasaba y no se dejaban vestir; fueron unos momentos de estrés, pero todo controlado. A las doce en punto estaba con Lourdes en Cal Marqués, pendiente de empezar a recibir a los invitados. Para mí fue espectacular empezar a ver a la gente que quería ver, tan elegantes y en un entorno idílico. La emoción que siento ahora es la misma que sentía en aquellos momentos: abrazos, besos, sonrisas, miradas, sensaciones, sentimientos y, sobre todo, mucho gozo.

A continuación, la gente se puso en semicírculo de sillas para asistir al encuentro de los novios y comenzó la ceremonia de los votos matrimoniales. Dos amigos de Agus guiaban la ceremonia, que comenzó con la entrada de Agus con su madre, y después de veinte minutos llegó Nuria con su padre en un carruaje de caballos negros espectacular.

Comenzaron unos pequeños parlamentos. El de Iván me emocionó; habló de mí como un segundo padre y un referente y añadió que me quiere muchísimo. Cuando terminó, me abracé a él; yo también le quiero mucho. Después habló Enrique; su discurso fue de buen orador, y habló de Nuria y Agus con la satisfacción de sentirse orgulloso de cómo son. Se notaba que es un gran empresario y que adora a su pareja y respeta a la madre de sus hijos.

Después me tocó a mí. Mi discurso fue corto y lleno de sentimiento y emoción con algunos toques de humor sutil, y lo que dije fue con el corazón. No fui consciente del impacto de mis palabras, pero realmente debían ser impactantes, porque la mayoría de la gente, conocida y desconocida, se dirigió a mí durante el aperitivo para felicitarme, abrazarme y decirme que les había llegado lo que había dicho.

Este fue el punto de salida de mi regeneración, el punto culminante de todos los años de conocerme, de trabajar mi interior y del afán de ser mejor cada día. De una vez la gente conoce a un Josep que habla con el corazón, un Josep que considera la familia uno de sus valores más importantes. Me he quedado en esos momentos para siempre; pasarán días y yo seguiré con la misma emoción de esos momentos. Creo que esa sensación es felicidad.

Un momento único fue el de los votos que se dijeron Nuria y Agus. Ponían la piel de gallina y creo que todo el mundo se emocionó. Después vino el aperitivo, muy completo, buenísimo y donde la gente se lo pasó bien. Estaba el tractor del abuelo Jaume donde nos hicimos fotos y realmente fue un detalle muy emotivo y que decía cómo somos y de dónde venimos la familia Puig Soldevila. En todo momento había música, bailes, interacción entre novios e invitados y la gente vivió con ganas de pasarlo bien. La entrada de los novios al lugar para comida/cena fue entrañable y la composición de las mesas, los detalles y la comida… a la altura de una gran fiesta.

Los novios repartieron detalles a la familia más íntima, cuadros de los niños y un escrito personalizado por parte de Agus a cada uno de nosotros. Yo lo he tenido que enmarcar porque quiero disfrutarlo toda mi vida, no puedo sentir palabras más gratificantes que las que me dedicaron mis hijos Edu y Agus.

El baile, las copas y la alegría que invadía todo el mundo fueron el final de fiesta de un día inolvidable para todos los que estuvimos.

Agus y Nuria se fueron de viaje a Costa Rica primero y después a México. Los niños se han quedado con Genivi, la madre de Nuria, y con Lourdes y conmigo. He podido hacer de abuelo y me ha encantado. Los días que los veía tenía la sensación de que no hacía todo lo que podía, pero estos días que los hemos tenido con nosotros les he querido dar lo mejor de mí; son fantásticos los dos.

Como creo que ya he dicho, después de la boda siento en mí una regeneración de mi autoestima, de valores y de reflexión en general de todas las cosas que estoy viviendo; esta reflexión me lleva a pensar si puedo mejorar haciendo o pensando las cosas de otra manera. Puedo decir que las cosas que no hago del todo bien las rebobino para poder corregirlas de cara a cuando vuelvan a pasar.

★★★

«Edu, sé vivir contigo sin tenerte, eso lo dice todo. Edu, vivo contigo, comparto contigo, me ilusiono contigo, tengo alegrías y tristezas contigo, hablo contigo, tengo pensamientos contigo, reflexiones contigo, te pido consejos, me analizo contigo, proyecto sueños contigo; todo eso es lo que también hago con Agus».

Después de tantos años de no estar físicamente con nosotros, he sido capaz de aceptarlo y lograr tener una conexión total contigo. Noto que estás, noto que me ayudas, noto que cada día soy mejor y más fuerte mentalmente. Cuando estoy separado de la gente que quiero, porque cada uno hace su vida, sigo pensando que están y que puedo acceder a ellos cuando lo necesite. En el caso de Edu, es lo mismo: no está, pero sí está. Mi corazón lo siente de verdad.

★★★

Hoy he reflexionado sobre las conversaciones con el posible *partner*. Quieren firmar un acuerdo para entrar en nuestra sociedad en tres etapas. La primera, haciendo una aportación por el 25 %; la segunda, a los tres años, con mi posible salida de la sociedad con un *cash out* para mí; y la tercera, a los seis años, donde ellos podrían comprar la sociedad, siempre y cuando nosotros también lo viéramos bien. Particularmente, creo que puede ser un buen acuerdo para que nos complementemos: nosotros somos buenos en ventas y *marketing*, y ellos en capacidad financiera, servicio técnico y logística. Ahora hemos quedado en hacer una valoración de nuestra sociedad, por el tema de los aprovisionamientos de los mantenimientos que cobramos por adelantado en los *rentings* y para que a partir de los objetivos que fijemos, podamos tener un valor de la empresa con el crecimiento que se vaya produciendo.

Para mí, es como si con este acuerdo alcanzara una etapa reina en una carrera como el Tour de France, un Tour que comenzó hace siete años. Nosotros somos uno más del «pelotón» con modestas aspiraciones, hasta ahora solo luchando, cayendo y levantándonos, pero eso sí, con ganas, ilusión y haciendo las cosas bien. Si todo va bien, creo que el acuerdo lo firmaremos en menos de un año.

Uno de los temas al que le doy vueltas es mi salida de la sociedad. Es clave que yo, en el momento que sea, esté bien física, mental y emocionalmente para tomar decisiones y que quiera hacerlo. La cuestión económica es y será importante para una autosuficiencia e independencia en mi vejez. Me gustaría no depender de nadie y, si es necesario, hacer valer el testamento vital que hice hace unos años. Agus sabe lo que yo deseo al final de mi vida.

Mi ausencia total de KMZ es imposible, primero porque la hemos creado Agus y yo y, segundo, porque me gusta, me hace ilusión y es parte de nuestra vida. Nos cuesta mucho esfuerzo, mucha motivación y mucho riesgo, pero lo compensa que los clientes y el mercado nos valoren. Estoy seguro de que, mientras viva, siempre veré KMZ por el retrovisor.

Me causa reparo pensar en dejar el trabajo, jubilarme, llenar el tiempo en otras cosas, cuando soy una persona a quien le gusta hacer de todo, pero con una secuencia natural de hábito de trabajo y una distribución del tiempo en un orden de trabajo y de distracción, no solo de distracción. También hay que tener en cuenta la cuestión de la edad, aunque me encuentro muy bien y me considero y me valoro como afortunado, esto se va acabando. El tiempo pasa con una velocidad que no te permite verla, y ahora es un momento mágico para mí. Soy feliz gracias al estado de bienestar que tengo con todo lo que hago y con todas las personas de mi entorno. Me gustaría, y lo digo sonriente, que eso no se acabara nunca.

«Calma, vida modesta y, cuando hay voluntad, hay camino». Son consejos sencillos, pero que tienen mucho significado para mí y que, cuando los tengo en cuenta, las cosas me fluyen mejor. A menudo tengo que recurrir a ellos para que la cabeza, siempre inquieta, vuelva al lugar que me hace sentir bien.

En el trabajo, tengo que lograr más tareas de control, asesoramiento y ayuda de toma de decisiones. Es un cambio respecto a lo que he hecho en mi vida comercial: clientes, rutas, programaciones diarias de visitas, kilómetros, etc. Los cambios son difíciles porque a menudo nos aferramos a las cosas que hacemos en cierta rutina y las vamos moldeando a aquello que nos gusta o nos hace sentir bien.

Muchas veces caigo en la trampa de pensar que no saco provecho del tiempo y me culpo de no hacer lo que, a mi juicio, es responsabilidad mía por cargo y sueldo. Cuando me encuentro en esta trampa, estoy dos días ofuscado, de mal humor y pensando en planificaciones preferidas, huyendo de las obligaciones que tengo interiorizadas y que posiblemente me las hago yo y que no son ni ciertas ni necesarias. También he de decir que me salgo. Rápidamente encuentro la mejor decisión, constantemente hago análisis de esfuerzo para no caer solo con las preferencias que me fabrico.

★★★

Hoy me apetece hablar de la esencia que creo que tenemos cada uno de nosotros. La mía es la inteligencia emocional para gestionar los sentimientos y las emociones. Estos me llevan a percibir, a intuir y a sentir. Las otras características que puedo tener vienen de serie, de genes, de entornos, de circunstancias, pero las realmente innatas, las que no sé por qué las tengo y que me hacen diferente y especial, son las que he citado. Sin ellas sería una persona sin alma, autómata, y mis virtudes serían más de capacidad y de voluntad.

Es posible que esta esencia sea la causante de lo bueno y de lo menos bueno que me ha pasado hasta ahora en mi vida. Unos sentimientos y unas emociones bien dirigidos son increíbles, pero al revés también. He de reconocer que en el pasado ya las tenía, pero no hice caso. Han salido solas, y algunas de ellas, si ahora pudiera, las utilizaría de una manera muy diferente. Es cierto que las he disfrutado en los momentos, pero me han perjudicado a largo plazo. Ahora he aprendido a dirigirlas para disfrutar en el momento y para que no me hagan daño en el futuro. En el pasado tenía relacionados los sentimientos y las emociones con la cabeza; hoy, con el corazón. A veces me había encontrado con que algunas de ellas me gustaban, pero en el corazón notaba unas sensaciones extrañas y no hacía caso. Hoy sé que tenía que haber hecho caso. Estoy de acuerdo en que ha sido un aprendizaje, pero en algunos casos el precio a pagar ha sido demasiado alto.

Después de explicar todo esto, pienso que tengo que explotarlo aún más. He de conseguir que sean ellos/as los que me guíen y me hagan fluir. Es sencillo, como el *swing* de golf: no forzar ningún movimiento o ninguna cuestión, que salgan naturales, coherentes y sin ningún mal uso. Hace tiempo que me trabajo los sentimientos y las emociones, sobre todo aquellas que me son incómodas. Todavía me cuesta un tiempo darles la vuelta y que mi ego no me arrastre.

Hoy me han hablado de las tres R: R1 Recursos, R2 Relaciones y R3 Resultados. La más importante para mí es la R2: las relaciones, sean con la familia, con los amigos o con los del trabajo, son claves para pasar de la R1 a la R3. Estas relaciones deben basarse en la confianza, en la comunicación transparente y, para mí, también en los sentimientos y emociones que el corazón nos vaya marcando.

Estoy de vacaciones y con un libro en las manos que se llama *Un nuevo mundo, ahora*. Va del ego y de la conciencia. Este verano a Agus y a mí se nos ha metido en la cabeza la idea de tener una segunda residencia en La Cerdanya. He visitado algunas casas de alquiler y de propiedad y he de decir que me ha servido también para analizarme y conocerme un poco más. Primero de todo, me ilusioné con la idea de mi casa con jardín y, con la familia, vivir barbacoas, salidas en bici, esquiadas con mi hijo y nietos, partidas de golf en el increíble campo de golf de La Cerdanya, relaciones con amigos nuevos y, en fin, una avalancha de sueños que ya habían estado en mí en el pasado. La verdad es que todo esto está muy bien, pero yo no me siento cómodo con un gasto por encima de mis posibilidades actuales. Tengo las cosas más o menos arregladas a nivel económico, pero tengo sesenta y cuatro años, estoy en plenas negociaciones con un *partner* a nivel de trabajo y no sé todavía cómo será el encaje, y con la venta de la Sarreta que tampoco se acaba de materializar. Esas son unas razones muy válidas, pero no las únicas. También pienso que, para adquirir una segunda propiedad, debe ser un activo y no un pasivo que represente un coste.

Este septiembre he activado una pista de pádel fijo con los cuñados y, además, me he comprado una bici eléctrica para sistematizar y obligarme a hacer deporte. Es clave para mi cuerpo y para mi cabeza.

A nivel de trabajo, estamos valorando que Agus e Iván sean los co-CEO de la compañía, pero nos hemos dado un tiempo para que ellos trabajen interna y conjuntamente las diferencias que puedan tener a nivel de comunicación, gestión y liderazgo de equipo y departamentos. Creo que en estos siete años Agus e Iván han experimentado un crecimiento profesional brutal y ahora toca hacerlo para el futuro de la compañía y para sus retos. Creo que no tienen techo; son muy buenos y les tengo una gran admiración.

Yo estoy aprendiendo a hacer de presidente. Es algo muy bueno, pero difícil para mí. Estoy acostumbrado a dedicarme al trabajo desde el momento que me levanto hasta que voy a dormir, la mayor parte del día en visitas en el pasado y en el despacho actualmente, y ahora tengo que hacer más de asesor y de analista, tengo que tener toda la información de la compañía para que Agus e Iván lleven bien el timón de la empresa, he de conseguir que el acuerdo con el *partner* sea una realidad, he de hacer que el equipo esté informado y motivado, que la

cultura y ADN de KMZero perdure para siempre, que tengamos credibilidad para seguir teniendo apoyo económico de
las entidades bancarias hasta que alcancemos la independencia
financiera para eliminar los avales que pesan desde el inicio del
proyecto… Mi día a día tiene que experimentar un cambio
y tengo que gestionar mi tiempo de una manera diferente y
siempre haciendo lo que quiera teniendo en cuenta lo que
me diga el corazón.

En referencia a mi trabajo interno, estoy satisfecho de
cómo me encuentro. Analizo muchísimo todo lo que me pasa
e intento reconducir mis reacciones, que a veces no considero
correctas. Estas reflexiones son fantásticas, porque, además de
conocerme mejor, voy modificando y afinando mis actitudes
y respuestas. A menudo me tengo que disculpar, pero cada vez
menos. Siguiendo con este análisis, es muy importante para mí
el espacio que dejo en el tiempo; me ayuda a especular menos,
y es bien cierto que el tiempo lo cura o lo aligera todo.

Otra cosa que tengo en cuenta es lo que ya hace un tiempo sentí: para las personas de mi edad, es importante no dejar
entrar «al viejo». Llevo mi edad con muy buena actitud. Es
cierto que ahora me acompaña la salud y un entorno familiar,
de contactos y de trabajo perfecto, pero es imprescindible no
quejarse, valorar todo lo que somos y tenemos, junto con
humildad, gratitud y generosidad.

Estoy pensando en ir terminando el libro y publicarlo
para la gente de mi entorno. Me gustaría regalárselo a toda
aquella gente que quiero, con dos fines. Primero, para que me

conozcan mejor, y segundo, porque si algo que digo en el libro les puede ser de ayuda, ya me sentiré satisfecho. No pretendo dar lecciones de nada a nadie ni generar ninguna expectación, solo me ha apetecido escribir. Me lo paso muy bien haciéndolo y, sobre todo, los que de aquí a muchos años puedan leerlo tendrán información de nuestra generación, de la familia y de muchas reflexiones y vivencias relacionadas con mi vida.

★★★

Hoy me ha pasado un hecho que creo que cambiará algo en mi vida. He tenido un accidente que habría podido ser grave y, por lo tanto, he visto que soy muy vulnerable. Justamente estos días la familia teníamos un viaje en cartera que hemos tenido que anular por la guerra de Israel. Lo más curioso es que ya hacía días que presentía algo extraño a la hora de valorar viajes. No quiero decir que presentía algo malo, sino que notaba una cierta incomodidad en un momento de cambios a nivel estructural y de futuro para nuestra compañía.

¿Qué cambiará este accidente en mi vida? Pues me obligará a disfrutar más de todo, a elegir aún más lo que me apetece hacer, a saber decir que no a cosas que hasta ahora hacía por compromiso, a que no me influya lo que digan o hagan los demás, a no dejarme llevar por la corriente de los demás… Quizás es casualidad, pero me ha caído en las manos un libro, *Supervivir,* que habla del universo, la naturaleza y, básicamente, del sol, la tierra, el aire y la alimentación.

Tengo ganas de seguir los consejos de este libro. Primero, porque ya hace tiempo que en mi trabajo interno ya estoy alineado con lo que dice, y segundo, porque realmente creo que es algo que tenemos que tener en cuenta, porque el universo es lo único que es cierto y perfecto. Es curioso que lo humano que pertenece a este universo sea lo más imperfecto de todo, capaz de crear lo más increíble y destruir hasta su propia vida por envidia o por celos.

Faltan pocos días para la reunión de *partnership*. Ya hace muchos días que estamos preparando el *business plan* para esta reunión. Para nosotros, ahora es un momento óptimo para llegar a un acuerdo con alguien potente financieramente en nuestro mercado, donde hay grandes *players*.

Creemos que, en el momento de reconocimiento que tenemos en el mercado, junto con los nuevos proyectos que queremos llevar a cabo, necesitamos inversores que nos complementen en las partes donde somos más débiles.

Hoy me preguntaba a mí mismo cuál sería la carta a los Reyes que yo haría en este contexto. He respondido que deseo que Agus e Iván, junto con el equipo que hemos creado, tengan continuidad y trabajo por el resto de su vida, que puedan llevar a la compañía al nivel que se merecen y alcanzar los retos que estamos visualizando, y que yo, sin pedir nada, pueda disfrutarlo.

Ya hago de presidente. Hace unos días, hicimos una reunión con las ocho personas clave de la empresa por su capacidad, por su implicación y porque las consideramos esenciales para llegar a donde queremos llevar la compañía. Fue una reunión muy emotiva, donde hicimos un repaso por todo lo que hemos vivido en los siete años de Puigmon/KMZero, desde los inicios, pasando por la pandemia, por los problemas de financiación, la reducción de estructura, y el momento actual de conversaciones con algún *partner*. No faltó información confidencial, y les comentamos nuestra voluntad de compartir con ellos un porcentaje de las ganancias de la sociedad. Ellos respondieron de una manera agradecida y emotiva. Fue en esta reunión donde comenté el paso de Agus e Iván como co-CEO y que yo, debido a la edad y larga vida profesional, prefería que fueran ellos los que gestionaran y lideraran los departamentos y el equipo.

Ya os explicaré y compartiré cómo es mi idea de presidente.

Hoy el posible *partner* se ha comprometido a dar una respuesta a nuestra propuesta para entrar en nuestra sociedad. Estoy en Andorra tomando un café con leche y me he levantado con una actitud muy positiva. No sé qué pasará, pero sí sé que me proyectaré en positivo y con ganas.

Hace unos días, hablando con una psicóloga, le comenté que me gustaría saber si necesito ir al psicólogo. Me preguntó qué sentía y le dije que estoy en uno de los momentos más buenos de mi vida, pero que, en cambio, sentía como si no me lo mereciera y a veces también me caen lágrimas sin saber por qué. Me comentó que era posible que, con la llegada de mis nietos, estuviera reviviendo momentos nostálgicos de mi pasado. Puede ser, pero me pasó un contacto para que lo analizara más profundamente.

Casualmente, estos días en Andorra me han llegado por el móvil unos vídeos de psicólogos que hablan de la actitud ante la vida. Creo que la cuestión que he comentado, que no me merezco estar bien, puede estar relacionada con mi actitud ante este pensamiento. Si analizo que como estoy ahora se debe a que hago las cosas bien, con conciencia, y que gracias a eso estoy bien, ya lo tengo. Es el fruto de una buena actitud y no hay que analizar tanto el detalle de las emociones como la de llorar. Son, en cierto modo, naturales y buenas de tener.

Hoy el *partner* nos ha dicho que sí a nuestra propuesta de *partnership* con ellos. Ha sido una inmensa alegría para mí. He llamado a Agus y le he dicho: «Lo hemos conseguido». Él me decía: «Espérate, sé prudente, como siempre me dices tú, todavía no está hecho». Yo le he respondido otra vez: «Lo hemos conseguido». No hablo ni de dinero ni de nada, pero después de siete años tenemos el reconocimiento al trabajo realizado por parte de uno de los mejores referentes en el sector de tratamiento de agua a nivel mundial. Es como haber alcanzado una etapa reina del Tour de Francia. Después de eso, y en el coche bajando de Andorra, me he puesto a llorar desconsoladamente recordando los momentos de sufrimiento de estos últimos veintitrés años de mi vida: un camino de pérdidas, de decepciones a mis padres, hermanos y otras personas, de muchas dificultades personales, profesionales, económicas y emocionales, de haber estado perdido, solo saliendo adelante y cogido a la perseverancia, tomando decisiones sin estar seguro de nada, con muchas excusas, mucha inseguridad y mucho miedo.

Hoy todo es diferente. Me he abrazado también a Iván y tengo un estado de bienestar increíble. No quiero pensar en qué pasará con este acuerdo y solo me proyecto a hacerlo bien, que sea satisfactorio para ambas partes. Sinceramente, no pienso más allá de que todo fluya y que vamos paso a paso. Este acuerdo debe ser para alcanzar los retos en un mercado con potencial, y tenemos muchas opciones para desarrollar todas las ideas y proyectos que tenemos. El objetivo es poder hacer lo que sabemos y que el *partner* haga lo que él sabe hacer. Juntos hacemos un complemento ideal a todos los niveles. Tenemos derecho también a felicitarnos, a disfrutarlo, a celebrarlo y también, por qué no, a soñar cada uno de nosotros en lo que queramos.

Hoy, 20 de diciembre, he vuelto a tocar la vulnerabilidad de las cosas de la vida. Ayer el posible *partner* nos decía que sí al acuerdo, y hoy nos dice que no lo ven. Increíble. Me hace pensar que nada es verdad: hoy soñamos y mañana nos desmoralizamos por un mismo hecho. Estoy en estado de *shock*. Todos los sentimientos y emociones que expresaba en el párrafo anterior ahora se convierten en hundimiento y desilusión. Ahora toca volverme a levantar, como ya estoy acostumbrado a hacer.

Pasadas unas horas de decepción, lo veo todo diferente. Agus, Iván y yo nos hemos reunido para analizar la situación y creemos que es una señal para auditar nuestra compañía y poner herramientas para solucionar todas aquellas cosas con las que no nos sentimos cómodos o que notamos que los interlocutores con los que queremos llegar a acuerdos no entienden o les crean dudas. Es decir, nos hemos mirado el ombligo y ahora toca volver al barro y dar aún más valor a nuestro proyecto.

La presentación que propusimos al *partner* es espectacular y refleja hacia dónde queremos ir. Cuadra perfectamente con las necesidades de cada compañía en cuanto a sector y las debilidades y fortalezas de las dos. El problema está en la parte financiera más técnica, que tiene explicación, pero uno de sus directivos no lo ve o considera que no está bien aplicado en los cálculos financieros de KMZ. Este detalle puede hacer que el acuerdo no prospere y tengamos que valorar otras alternativas: seguir solos como hasta ahora o buscar otros *partners* o inversores. Lo que más cuesta en estas dinámicas es no dejarse llevar por la frustración, escuchar, analizar de forma imparcial, luchar por conseguirlo y, sobre todo, aceptar lo que pase aunque no nos guste.

Creo que he hecho el duelo de este nuevo tropiezo rápido, pero todo pasa por algo y tengo claro que de estos indicadores tenemos que aprender y mejorar, nunca hundirnos. Ahora, en esta situación de incertidumbre referente a por qué no quieren cerrar un acuerdo con nosotros, se me generan muchas dudas a nivel de si tenemos que modificar algo del modelo, de los canales que estamos atacando, de la estructura por si es demasiado grande o si solo es una cuestión de equilibrar más los ingresos y el gasto para generar más rentabilidad y hacer una empresa más atractiva para los futuros *partners*. Yo particularmente me decanto por la última opción. Sin embargo, en caso de no encontrar *partner,* estaremos saneados para ir solos.

En cuanto a mi tarea, he pensado profundizar en el análisis de la estructura desde el departamento de *People & Culture.* De esta manera, aparte de conocer mejor a las personas, también sabré más sobre sus tareas y podré tomar el pulso a la eficacia y la rentabilidad de cada puesto de trabajo. Sinceramente, a lo mejor encontramos la rentabilidad en otros aspectos que debemos analizar en lugar de la propia estructura.

Si observo mi interior, estoy un poco inquieto. Vuelvo a estar haciéndome preguntas con respuestas que no me satisfacen. Vuelvo a remover la actividad y el descanso, sin hacer ni una cosa ni la otra. No cojo vacaciones porque tengo la sensación de que ya hago vacaciones. Vuelven los remordimientos, sobre todo porque no me siento realizado ni útil. Es como si necesitara que me valorasen. Con la negativa del *partner* que buscábamos, he puesto en duda mi valor como empresario. He vuelto a remover mis fracasos del pasado. No sé si explicar mi situación a alguien de confianza o esperar a que yo reaccione y salga solo de esta situación. Cuando me pasan situaciones similares, me tambalea todo: las emociones, los sentimientos y mi autoestima. Aunque sé que es una cuestión de actitud, me cuesta mucho tenerla. Me esfuerzo, pero no lo consigo de manera constante y definitiva. Las heridas del pasado creo que son la causa, pero me resisto a aceptarlo y a resignarme.

Tengo la sensación de que me cuesta vivir o que todo es igual. No quiero decir que no quiera vivir; es una sensación de muchas cosas que me gustan, pero no las disfruto, o que se solapan, y cuando hago una cosa al mismo tiempo quiero hacer la otra. Hablo de distracción y de trabajo. Es como si no supiera cuándo hacer cada cosa. Es extraño: antes trabajaba de lunes a viernes y el sábado y domingo disfrutaba de las cosas que me gustaban —salir, deporte, familia y demás—. Ahora, con la libertad de hacer lo que quiera, no sé cómo organizarme. El resultado es que hago de todo, pero no disfruto de nada. El hecho de ser el máximo accionista de la empresa que creé, tener un buen sueldo y no tener ocho horas de trabajo cada día, me angustia. Tengo remordimientos si hago otra cosa que no sea trabajar. No sé cómo resolverlo. Querría dejar el trabajo, pero necesito el dinero. Vender mi parte tampoco es la solución ni para la empresa ni para los socios. No es el mejor momento para hacerlo. He de seguir pensando cómo encontrar lo mejor para mí sin perjudicar a nadie.

Han pasado solo horas del párrafo anterior y ya me siento mucho mejor. Haber escrito lo que me pasaba me ha ayudado a reflexionar y a meditar posibles soluciones. Las he encontrado y voy a enumerarlas. Primero, actitud: tiene que ser positiva, tengo que relativizar las cosas y, sobre todo, sonreír. Segundo, autoestima: tengo que valorar cómo soy, me gusta cómo soy y la salud, la familia, el trabajo, los amigos y las cosas que me gustan para el tiempo libre, son suficientes para sentirme bien. Tercero, trabajar: puedo aportar mucho de mi experiencia a la empresa y, sobre todo, me aportará mucha información para poder analizar y decidir después de una etapa en la que quizás he delegado demasiado. Cuarto, gestionar bien el tiempo: separar el trabajo del ocio, cada cosa, por pequeña que sea, hacerla bien y disfrutar de ella. Es importantísimo, ya que la vida es tiempo y hay que disfrutar de este tiempo.

Ahora toca no olvidarme de esta receta, mantenerla y, cuando tenga dudas, tirar de ella.

Es increíble cómo las cosas cambian cada momento. Acabo de escribir algo y rápidamente lo que acabo de decir ya es otra cosa, como en mi cabeza, constantes contradicciones. Hablando de trabajo, Agus e Iván ya no son co-CEO. Después de una fuerte discusión entre ellos y con unos días de reflexión, vamos a consensuar que Agus sea el CEO con responsabilidad de finanzas y SAT, e Iván, tal como está ahora, con las responsabilidades de dirección comercial, *marketing* y tecnología o nuevos proyectos. Veo a los dos muy motivados y generando mucha energía para modificar todo aquello que no va bien. Los tres pensamos en la rentabilidad de la compañía y, sobre todo, en activar y motivar al equipo para alcanzar los objetivos. Yo creo que me tengo que centrar más en la compañía, aportar valor con los contactos que tengo y pensar en asesorar a los dos. Debemos anticiparnos a los riesgos que podemos tener tanto en las circunstancias, como la sequía actual, como en nuevos proyectos de acuerdos con *partners*.

A nivel personal, he programado tres sesiones con una psicóloga para averiguar por qué no me siento satisfecho con lo que hago o lo que tengo. La pista que tengo va relacionada con el remordimiento del mal que he podido causar a determinadas personas con comportamientos y acciones mías en el pasado. Ya veremos…

★★★

Hoy tengo ganas de hablar de la carta astral que me hicieron el 4 de mayo de 2022. Sinceramente, no había pensado nunca en cartas astrales y, después de hacérmela, creo que es muy interesante. Al estar relacionado con el universo, con miles de años de experiencias y con miles de personas que han sido investigadores de esta ciencia, encuentro un sentido, una explicación y una coherencia que, contrastada con lo que conocemos de nuestra manera de ser y de hacer y de lo que nos ha pasado hasta el momento actual, nos permite comparar o asociar hechos o acontecimientos.

Primero de todo, me habló de los movimientos de los planetas, de las constelaciones, de las ascendencias y de los cálculos en función de las coordenadas con mis datos. Los primeros rasgos referentes a mí están relacionados con que soy León, que tengo que tomar riesgos, que los peores años de mi pasado reciente son de 2013 a 2017 y de 1999 hasta 2007 también fueron complicados. Es cierto: en realidad, en estos años coincidieron la pérdida de Edu, la pérdida del trabajo después de veintisiete años, el divorcio con Cristina y un trabajo en el mercado italiano que representó la pérdida de parte del patrimonio familiar y la pérdida de nuestro padre. El sol es mi vida y el principal problema que tengo es que no duermo. También dice que estoy conectado con miles de personas vivas y muertas. En definitiva, dice que soy un conector astral.

Soy León de pura raza: me gusta vivir bien, disfrutar de la vida, necesito moverme por la pasión, tengo que hacer mucho cardio, soy carismático, tengo energía solar y no me hace sombra nadie. Lo hago todo con el corazón, pero la gente me ve como serio, riguroso y comprometido. Hay gente que me tiene manía; no saben cómo abordarme. Cuando me conocen, todo es diferente. Soy muy estético, físicamente, mesa bien parada. Soy muy trabajador, tengo sentido del humor, hombre especial.

Dice que hasta ahora he sobrevivido y que ahora toca lucir. A partir del 11 de mayo de 2022, toca un cambio importante a mejor.

Yo soy el *alma mater* de la familia. En la comunicación soy bueno, tengo talento, soy del morro fuerte, soy enérgico hablando. Alguien débil puede verlo como una agresión. Tengo personalidad de León: me gusta vivir bien, necesito motivarme, la rutina me mata. Soy carismático, me muevo por el corazón. La casa es importante; no puedo ser nómada. El León marca territorio. Vivir en tu casa, debe ser un espacio tuyo. Necesito montaña. En el enamoramiento, necesito compromiso. En la intimidad, debo explicarlo todo, necesito pasión. Mis hijos son muy deseados y queridos.

Edu es un chico balanza, vital, enérgico con un alma vieja. Según los hindúes, ha muerto muchas veces; ha vivido lo que tenía que vivir; es más viejo que yo. La relación ha sido muy buena con los dos. Nació con luna nueva y es muy intenso. Edu es un *crack*; venía a trabajar la muerte, ha vivido la muerte como un proceso de amor.

Agus es Virgen. Tiene miedo de que me muera, sufre por mí. Es muy diplomático, se puede ganar bien la vida. Relación regular con la madre, quería mucho a su hermano. Su karma es tener pareja.

En las relaciones laborales soy muy estimado siempre; soy riguroso y estricto, el trabajo debe estar bien hecho.

En cuanto a la salud, dormir es mi gran problema o línea roja en la carta astral, siempre me levanto cansado, tengo espasmos, movimientos físicos, en el sueño vuelo o veo fotogramas, soy proyector astral, cuerpo físico, emocional y espiritual, entro en contacto con conocidos y desconocidos y también activo con los muertos, en lugar de dormir estoy con la energía activada, estoy en contacto con mucha gente.

Tengo rabia contenida, tengo que depurar los riñones en la bañera, la sal es muy depuradora, me aconseja una lámpara de sal o un cubo de agua con sal.

Mi pareja, Lourdes, también es Virgen. Conciliadora y mediadora, lo ha pasado mal con figuras masculinas; es muy guapa, yo soy una lancha motora y ella es lenta, yo no soy tan sexual, hacer el amor tiene que ser bonito.

No tengo miedo a la muerte, la muerte no es un problema, mis miedos están relacionados con mis hermanos, yo soy negro y todos son blancos.

Hago de *pater familias* porque sí, tengo miedo a quedarme solo, la soledad obligada no la quiero, pero no quiero ser una molestia.

Mi proyecto de vida es que vengo a desarrollar una espiritualidad, me recomienda la vida contemplativa.

En el trabajo sale Saturno. Nunca me ha faltado trabajo, me salen las fechas desde el 8/03/23 hasta 25/05/25 como muy positivas, no cree que me jubile.

En lo referente a las amistades, me caso con muy pocos, no me pueden hacer perder el tiempo, dice que tengo que arriesgar, no me puedo acobardar.

La relación con mis padres ha sido buena, pero no han sido unos referentes, no me identifico con mis hermanos.

Tengo tristeza y culpabilidad, la culpa asociada a la ira, no tengo que ser perdonado por nadie, el perdón es con uno mismo, he entonado el *mea culpa* demasiado tiempo.

Me agrada agradar, soy una versión mejorada de años para trabajar el miedo, la inseguridad, la rabia, para activar el amor propio, ejercicio, naturaleza, baños de bosques, meditación, vida contemplativa… Después, ¿qué hay? La energía se transforma, hay algo más.

★★★

Hoy estamos muy tristes: Cristina nos ha dejado. Su larga enfermedad la ha agotado. Agus está deshecho y a mí se me ha removido todo: treinta y siete años con ella; lo que ha significado ella en mi vida hace que me falte un trocito de mí. Soy como soy gracias a ella, es la madre de mis hijos y la primera persona con la que lo descubrí todo: emociones, amor, sentimientos y crecimiento. En su despedida he podido percibir la inmensa cantidad de gente que la apreciaba. Siempre te querré.

Este hecho me ha hecho tocar fondo y he vuelto a ir adelante y atrás con pensamientos del pasado. He dicho «basta» y he puesto la mente en blanco, he sacado la especulación, los remordimientos, las culpabilidades, el «si hubiera hecho» o «qué hubiera pasado si…». No se puede modificar nada y tengo que seguir adelante por mí, por Agus y por todos aquellos por quienes yo pueda hacer algo. He decidido pensar menos, estar más ocupado con lo que me gusta y con lo que realmente quiero. He de seguir con la misión que posiblemente se me ha asignado y que poco a poco iré descubriendo.

También veo la necesidad de hacer cambios en las rutinas que hace muchos años que me incomodan. He decidido, desde ahora, desayunar en casa mirando cómo sale el sol y hacer anotaciones diarias de todo lo que quiero hacer. El deporte y la familia deben ser mis pilares. Aportar cosas buenas a los demás también me tiene que hacer sentir bien, y tengo que gestionar todo aquello con lo que estoy conectado.

Mi objetivo es pensar menos y disfrutar más.

Agus se ha marchado unos días para desconectar y, cuando vuelva, se centrará en la dirección de KMZ. Me ha pedido que le asesore en esta nueva etapa a todos los niveles: personal, profesional y patrimonial. Le he dicho que, por descontado, estaré encantado de ayudarle, pero que tenga en cuenta que vengo de una etapa muy diferente a la suya. Yo viví en una familia con un gran patrimonio, pero, fuera de mi abuelo, no supieron disfrutar de ella. Estaban reduciendo el patrimonio para poder subsistir en lugar de hacerlo crecer y disfrutar de él. No quiero decir malgastar, sino evitar sufrir. Mi abuelo sí hacía cosas para actualizar lo que tenía, como los pisos de la calle del Mig y la casa de Vinyoles.

En mi caso, es importante que, además de lo que he comentado, he vivido en medio de situaciones donde las cosas no me han ido bien y tengo unas heridas que no me dejan tener claridad de ideas o estar en forma para poder dar a Agus el mejor consejo. Tengo muy claro que ser positivo, hacer las cosas, por pequeñas que sean, con pasión, y buscar motivaciones con todo, es imprescindible; pero a menudo las circunstancias hacen que, por mucho que quiera, no pueda. Por eso digo que a menudo voy adelante y atrás, cayendo y levantándome.

Me gustaría, ahora que estoy pensando en gestionar el tiempo, ocuparme de lo que nunca hemos sabido hacer ni mis padres ni mis hermanos ni yo: gestionar nuestros bienes. Quiero tenerlo todo ordenado y hacerlo crecer o, cuando menos, que no vaya hacia atrás. No sé por qué digo «me gustaría»; he de decir que lo tengo que hacer y que el objetivo sea poder estar lo más tranquilo posible. El asesoramiento de expertos es clave. Leer, estudiar y conocer las posibles opciones es esencial, y estar encima es necesario para tomar decisiones. Creo que puede ser una misión y un reto para mí.

★★★

Hoy estuvimos en Andorra. El fin de semana pasado, estuve en La Cerdanya con los niños y unos amigos. Ha sido agradable, y el último día, mientras cenábamos, propuse un juego en el que cada uno de nosotros escogía un papel con una palabra concreta (ejemplo: amor, vida, éxito, muerte, amigos, pareja, familia, dinero). Fue interesante, sobre todo porque a cada uno de nosotros nos tocó una palabra que identificaba muy bien nuestra personalidad o alguna debilidad. A mí me sirvió para conocer mejor a aquellos con los que tengo menos contacto. Fue un éxito de juego para todos y una experiencia que vale la pena repetir en otras ocasiones.

Me encanta ir a Andorra y pasar dos días para reflexionar, escribir y poder llevar a cabo mi sueño de estar solo dos días a la semana, si puede ser en un lugar de montaña. He reflexionado sobre la posibilidad de tener una casa en La Cerdanya para materializar este sueño, pero me he dado cuenta de que «no me encuentro». No es el lugar para pasar dos días a la semana. También he notado que no me gusta nada salir del entorno donde vivo. Salir me trastoca las rutinas, e improvisar actividades para llenar el tiempo me da mucha pereza. Terminamos comiendo en restaurantes caros y paseando por obligación.

Creo que el equilibrio entre hacer lo que quieras a nivel individual y lo que quiera la gente que te rodea es vital. Construir ilusiones, tanto a solas como compartidas, es necesario para invertir el tiempo o, lo que es lo mismo, nuestra vida.

Noto que me pongo presión ante cualquier cosa que tengo que hacer, por pequeña que sea: presión de puntualidad, presión de cómo será lo que tengo que hacer y cuál será el resultado. No me gusta; preferiría ir más relajado y simplemente afrontar de manera natural todo lo que tengo que hacer. Doy muchas vueltas a cosas que quiero organizar y solo hago que ir adelante y atrás sin tomar decisiones, y acabo, a menudo, improvisando. Quizás tengo que guiarme con algo tan sencillo como lo primero que piense, con la intuición o sencillamente no pensar. Es agotador cambiar constantemente de pensamiento y mezclarlo con remordimientos, con dinero, con los demás... ¡No puede ser! He de cambiarlo y encontrar un modelo a medida de mi manera de ser. Hay un factor que me intoxica: crearme ilusiones como si fueran claves para mí o la obligación de conseguirlo para sentirme bien. Es falso; esto puede generar una carrera hacia cosas que no tienen final, que solo generan ansiedad y no llevan la paz ni la tranquilidad. Tengo que trabajar y entrenarme para sacarme esto de la cabeza y empezar con un propósito.

Hoy he trabajado el valor que tengo de ser útil y el del tiempo. Debido al poco trabajo que tengo, resultado de haberlo delegado todo, siento que no soy necesario en el trabajo y que gasto el tiempo en cosas para mí poco útiles o poco gratificantes. He reflexionado que la empresa es mía, la estimo y nunca la dejaré. Por lo tanto, lo primero que me viene a la cabeza es que tengo que velar por ella. ¿Cómo? Implicándome en las cuestiones principales: las finanzas y el servicio técnico. Desde que Agus es el CEO, lo he dejado todo en sus manos porque está preparando los presupuestos de 2024. Mañana nos los presentará a Iván y a mí. Si los aprobamos, quiero organizar reuniones de seguimiento y control de la parte financiera y del servicio técnico. Las otras partes, como la comercial, el *marketing* y la tecnología, las lleva Iván, con quien he establecido un seguimiento de control mensual. Nos ha pedido tiempo para gestionarlo y el plan que nos presentó lo encontré excelente.

Ayer leí que lo que nos da más miedo decidir es lo que tenemos que hacer porque nos aporta crecimiento. Intentaré hacerlo con pequeñas decisiones. He empezado con dos temas de golf, importantes para mí desde hace veinticuatro años. En parte, me ha ayudado a ser quien soy hoy: individual, muy técnico, muy social, muy competitivo...

Llevo mucho tiempo intentando encajar pensamientos, motivaciones, gestión del tiempo, autoestima, valores, actitud, familia y vida social. Este paso relacionado con el trabajo cubrirá un 25 % del encaje, y para mí han sido hasta ahora los más difíciles, ya que incluye un poco de todas las que he descrito. El trabajo y el dinero también están dentro del encaje, y ahora veo una luz.

Mi parte de asesoramiento a la empresa y, especialmente, a Agus, creo que irá bien a todos, sobre todo para tener otra perspectiva de intuición más allá del pensamiento y la inteligencia. Quiero dar a esta parte de asesoramiento una forma profesional y personal, independientemente de los intereses.

He propuesto a Agus vernos para hacer un plan estratégico de reuniones y seguimiento, para cuadrar con su agenda y con el *timing* de crecimiento previsto en el presupuesto ambicioso de KMZ.

Hoy he tenido una discusión con Agus y me he puesto a gritar para imponer mi criterio. Él me explicaba temas que me ponían muy nervioso y yo quería imponerle mi punto de vista, gestionarlo de manera que nada se rompiera. Me he equivocado... He hecho una reflexión desde la calma y he visto que lo que saca a Agus de sentido es su espejo y no sabe cómo corregirlo. He visto que yo también me descontrolo con aquellas cosas que son también mis carencias, las cosas que más me afectan de lo que me dicen los de mi entorno más cercano son aquellas cosas en las que yo soy débil. ¿Cómo arreglarlo? ¿Qué hacer? Creo que lo mejor es escuchar y en ese momento ser consciente de lo que está pasando con mi reacción negativa y de frustración, leer que me están enseñando algo que yo quiero aprender y ponerlo en práctica cuando tenga oportunidad, y si algo no me gusta, decirlo en el momento.

He ido a desayunar con mi amigo Juan. Ha sido entrañable en todos los sentidos: conversación franca, sentimientos a flor de piel, emociones contenidas, reflexiones desde nuestra experiencia, notas de humor... Hemos disfrutado de la compañía que nos hemos hecho; pasamos momentos muy difíciles, pero a la vez fáciles. Tenemos que conseguir disfrutar de cada día de nuestro tiempo, hacer lo que realmente queramos y nos apetezca. Lo peor que tenemos quizás sean algunos entornos y no debemos pensar demasiado. Deberíamos desmarcarnos de ellos y pensar que no nos necesitan ni ahora ni después; harán su vida.

★★★

Hoy tengo una sensación de luces y sombras, como muchas veces. Luces en el sentido de que siento que KMZ está en un momento idílico en cuanto a proyectos y futuro, y a la vez con un riesgo terrible que, por razones de comunicación entre los socios, se pueda romper todo. Creo que es el momento de dar un paso adelante en las relaciones internas, en la profesionalización de los departamentos y, sobre todo, en la relación comunicativa entre nosotros y con todo el equipo.

Quiero hacer un discurso desde el corazón, tal y como hice en la boda de Nuria y Agus, donde pueda manifestar los peligros y las soluciones para mejorar la empresa y nuestro estado físico y emocional.

★★★

Hoy he hablado con Lourdes. Le he propuesto ir a comer para compartir lo que sentía y quería hacer, y a la vez saber qué pensaba ella. He empezado diciendo que después de la tormenta llega la calma. Mi tormenta comenzó en el año 2000 y terminó el 27 de enero del 2024. La calma, seguramente, es temporal, pero tengo que disfrutarla y me lo he propuesto. Justo en esta calma está el peligro de conformarse y estar demasiado relajado, en definitiva, de no hacer nada. No quiero caer en esta trampa, por lo tanto, le he presentado proyectos, salidas y algo especial que dejo para el final. En la parte de proyectos, he analizado antes cuál era nuestra situación económica actual para poder valorar si llevarlos adelante. La situación económica siempre podría ser mejor, pero he valorado que no es mala y, por lo tanto, podemos arriesgar. Los proyectos son hacer la cocina nueva, arreglar el jardín y la bodega. Para ello, primero hay que analizarlo, pensar en nuestros gustos, pedir presupuestos y, al final, negociar. Con este camino de los proyectos, lo que tenemos que conseguir es disfrutar del proceso, ilusionarnos, contrastarlos entre nosotros cuatro y, sobre todo, no frustrarnos si no se pueden realizar. Tenemos que buscar en todo momento motivación y poner todo lo que podamos para lograrlo.

Ya hemos empezado.

En las salidas, sobre todo he analizado mi situación del pasado y del presente. En el pasado he viajado mucho por trabajo y por placer, y ahora estoy en un momento demasiado tranquilo. Todo me da pereza o no me motiva. Por lo tanto, tengo que hacer algo, al menos obligarme a modificar esta situación, y es vital el compromiso de hacerlo. El plan es hacer una salida mensual, de corto recorrido, entre dos y siete días, algunas que ya habíamos previsto y otras nuevas: Lourdes y yo, con los niños y con Agus, Nuria y los niños, o con quien sea. Londres, Vinyoles, Sicilia, Menorca, Petra, La Cerdanya, Andorra...

Ya esperáis el final, ¿eh? Pues el final es que le he propuesto a Lourdes que en mayo del 2025 nos casamos. Es la mujer que amo, con quien quiero hacer una vida en común y que suma en mi día a día. Me hace feliz y la admiro. ¡ME HA DICHO QUE SÍ!

★★★

Hoy hace dos meses que Cristina nos dejó, y he pensado en ella desde mí. Textualmente he dicho en voz alta: «Cristina, en el pasado reciente creía que no sentía nada por ti, debido a la poca relación que teníamos y por las pocas ganas de compartir nada. Ahora que no estás, o que estás de una manera eterna, lo siento diferente. He repasado mi vida contigo, y ha sido una vida de descubrimientos conjuntos que en parte han sido la causa de la persona que soy actualmente, y de la que estoy orgulloso. Hemos tenido unas experiencias únicas, como las de nuestros hijos, y unas vivencias de alegrías y de tristezas que nos han marcado, nos han hecho crecer y nos han vuelto muy luchadores. Lo que ahora diré sin dudarlo es que lo que siento por ti es amor, amor que nació un día y que durará en la vida y en la eternidad».

A menudo decimos que las cosas se valoran desde el principio. A mí me gusta decir que yo valoro las cosas desde el presente, haciendo un final en este presente. Desde el inicio de mi vida hasta hoy, puedo detener la foto en cualquier momento y hacer una valoración, pero la vida es una foto continua y cada presente es un final. Mi final diario me dice que te amo. Me ahogo de emoción.

★★★

Me gusta ser como soy. Me considero agradable cuando quiero, tengo un ego muy grande y muy fuerte. Mi carácter controlado es afable, simpático y empático. Considero que tengo una muy buena inteligencia emocional. Soy sencillo y egoísta conmigo mismo, pero no con los demás. Soy generoso y tengo una gran conciencia. No soy nada envidioso y sí un poco celoso de lo que considero mío. En general, tengo una buena autoestima y solo circunstancias puntuales me hacen ir atrás en mi valoración personal. Siempre busco consensuar; la diplomacia es mi manera de gestionar. Las emociones y los sentimientos son mi motor. La lucha, la constancia y la perseverancia son mis mejores armas. Estoy seguro de mí mismo y no tengo miedo. Creo en el universo y la naturaleza, pero desgraciadamente no creo en la gente, sí en la familia y los amigos. Me gusta ayudar y sumar a otras personas. Todo lo que aprendí me gusta compartirlo y que sea útil para los demás. Soy competitivo, sé ganar y perder. El deporte es vital para mi cabeza y mi cuerpo. Me gusta la conversación franca e íntima. Me gusta agradar. Soy listo, me gusta mucho pensar y soñar. Pienso mucho en los demás y ponerme en su situación. Soy autocrítico y me gusta mirarme el ombligo.

A nivel material, me gustan los relojes. El primer reloj que tuve fue cuando hice la primera comunión. Después, mis abuelos me regalaron un Duward Aquastar. Más adelante, mis padres me compraron un reloj digital precioso. Con motivo de la boda, Cristina me regaló un Rolex mixto de oro y acero. Después tuve un Cartier Tank francés, un Chaumet, un Breitling con correa de tiburón azul, otro Cartier que hoy tiene Agus y otro Rolex Submariner que me regaló la familia cuando hice cincuenta años. Es el que llevo actualmente con mucha ilusión.

También he tenido un montón de coches. El primero fue un Ford Fiesta 1100 cc azul marino con una raya blanca a los lados. Este coche fue para poder hacer mi primer trabajo de comercial; mi padre me dejó el dinero. El segundo fue un Ford Escort blanco con un alerón negro en la parte de atrás. Después tuve un Golf 16 válvulas blanco, el siguiente fue un Opel Kadett blanco. El primer cuatro por cuatro fue un Jeep Grand Cherokee de color verde oscuro con seis cilindros y que todo el día estaba en las gasolineras por culpa del consumo. A continuación tuve tres Audi 4 Avant de color azul, gris y negro. Los dos últimos han sido un Land Rover Evoque y el Mercedes GLA que tengo actualmente.

Y no nos olvidemos de las motos, la mayoría de trial. La primera fue una Cota 74 cc que luego transformó en una 125 cc; mi sueño era la Cota 247 cc que tenían los mayores cuando veraneábamos en Vinyoles y que yo nunca tuve; luego tuve la Xerpa 350 cc. Acto seguido empecé con las motos modernas y mucho más actualizadas de suspensión y de frenos de disco: la Beta réplica y la Beta Zero fueron espectaculares, la Fantic era la más normalita y la Bultaco Xerco la mejor. De carretera he tenido dos: una Honda AGV 750 cc impresionante y la Yamaha TMax 560 cc, la más espectacular.

He de añadir, cuando hablo de motos, que se me encoge el corazón. Disfruté mucho con Edu y Agus con las motos; salíamos los sábados y domingos a la montaña y esos recuerdos son los que tenemos los tres entre los «top diez» de los recuerdos. Aquellas salidas se acabaron repentinamente con el accidente de Edu, pero nos queda que las motos eran lo que más le gustaba a él; esperaba con ansia tener catorce años para tener el carnet de 50 cc y manifestaba constantemente su pasión por las motos. Primero yo experimenté culpabilidad, pero después he sentido orgullo de haber hecho que Edu hubiera descubierto por mí las emociones de llevar moto.

★★★

Hoy estoy leyendo un libro que habla de encontrar lo que quieres para tu vida. Me ha hecho reflexionar, y después de muchos años de inquietud, de querer encontrarme a mí mismo y de saber cómo soy para poder mejorar, he descubierto lo que quiero realmente en la parte personal, profesional, espiritual y en el tiempo de ocio. Lo he encontrado pensando en la pasión como elemento básico para la motivación, la ilusión y para encontrar objetivos.

En la parte profesional, he sentido que lo que realmente me provoca pasión es KMZero. Hace ocho años, movido para ayudar a la hostelería, creo en esta empresa y, hoy en día, me siento emocionado cuando pienso en alcanzar un espacio en el sector y un reconocimiento por hacer un trabajo bien hecho. Nos falta mucho, pero siento que lo podemos conseguir. No tenemos límites y es una pasada ver la implicación de la gente joven del equipo y de un Agus y un Iván que lo llevan dentro, creen y experimentan un crecimiento constante en todos los sentidos.

Llevaba tiempo dando vueltas a si jubilarme, apartarme, dejar paso... y al final creo que KMZero no la dejaré nunca. Es para mí un motor de ilusión y descubrimiento, que me aporta sensaciones, emociones, retos y objetivos. En una palabra, es pasión.

A nivel personal, ya que he conseguido conocerme mejor, modificar creencias, luchar por mejorar cada día mi ego y los malos humores, el gran reto que quiero alcanzar es ayudar a la gente que me ama y contagiarles positividad, actitud, creer en ellos mismos y hacerles ver que no deben tener miedo de nada, tienen que aceptarlo todo y a luchar siempre.

A nivel espiritual, he experimentado hoy algo que nunca había sentido antes. He abrazado a Edu de una forma muy real. He sentido que lo tengo, que estoy siempre con él, y me ha hecho pensar en la gente que amo y que no está. Me ha dado una fuerza absoluta y me hace reafirmar que somos eternos y que este sentimiento es una prueba de que no debemos tener miedo a nada, porque lo que nos espera es aún mejor que lo que tenemos ahora. Todo lo que proyectamos desde la buena conciencia nos lo avalan los que están unidos a nosotros por el amor, aunque no estén. He de conseguir que los que me conocen lo sientan así cuando no esté, que entiendan que lo tengo claro, que no sufro y que lo único que tengo es esperanza.

Si hablamos de otra pasión que tengo, encontramos el golf. Este fin de semana he tocado fondo quedando penúltimo en un campeonato que he jugado. He de decir que me considero un buen jugador de golf y, por lo tanto, después de este resultado me he sentido frustrado; pero he reaccionado rápidamente, y a partir de la pasión que siento por este deporte, he pensado en luchar, aprender, practicar, disfrutar y buscar retos. Es increíble que un deporte por el que siento pasión, con un entorno increíble y espectacular en cuanto a relaciones sociales, me haga sentir frustrado y no lo disfrute. Es ridículo y tengo que darle la vuelta; lo conseguiré.

Hoy he visto dos frases con las que me identifico mucho:

A veces lloro, no porque sea débil, sino porque hace mucho tiempo que soy fuerte.

A veces pienso que la vida me golpea, pero es porque soy muy buen guerrero.

★★★

Los cuatro hermanos hemos estado juntos en Vinyoles. Ha sido fantástico. Hemos compartido nuestras cosas del pasado, del presente y del futuro. Estoy orgulloso de ellos, les quiero y nos queremos. Somos todos diferentes, con diferentes caracteres, diferentes maneras de ver las cosas, pero todos tenemos el mismo corazón, la misma raíz cultural, y las vivencias después de muchos años nos han hecho como somos. Lo que hemos vivido hoy quedará dentro de nosotros. Los sentimientos, las emociones, las sensaciones y el bienestar son experiencias que repetiremos a menudo. Como dice Ramón… la familia es lo más importante y vale la pena cuidarla. Gracias a no sé quién… lo hemos conseguido.

Hoy he descubierto algo que me falta y que, al mismo tiempo, ya tengo. Me explicaré: soy una persona que hace las cosas si yo quiero… y no hablo de actividades, sino de actitud, de intención y, sobre todo, de cuando me expongo a los demás. Cuando me apetece, soy alegre, amable, cariñoso, afable, inteligente, listo, generoso, agradable, simpático, rápido, ingenioso, empático y otros adjetivos que no me vienen a la cabeza en este momento. Mi reflexión después de todas estas virtudes es… ¿por qué no soy siempre así? Si realmente estas características las tengo, ¿por qué no les doy continuidad? Sería idílico y sería un estado de bienestar interior y, de cara a los demás, fantástico y realmente cercano a la felicidad, que en definitiva es lo que busco. Ya he dicho que para mí la felicidad es un estado de bienestar fuera de toda la parte material.

Cuando busco el porqué no soy así siempre, pienso que quizás viene de mi infancia. Mi infancia fue tranquila, no me faltó de nada, el núcleo familiar era bueno, clase media acomodada, cultura religiosa practicante, políticamente de derechas y con unos valores de ética y moral típicos de buenas personas. La cuestión que analizo es si me sentía amado, y me viene esta reflexión porque yo hoy sí lo necesito. Me doy cuenta de que siempre he querido agradar y notar que agrado, es decir, necesito notarlo o que me lo digan. Y eso, cuando era pequeño, no lo tenía. No recuerdo que nunca me hubieran dicho que me amaban o que valoraban cómo era o que les gustaba lo que hacía. Ahora comparo lo que me gusta más sentir hoy con lo que no tuve en la infancia. Parto de que me gusta hacer las cosas bien y que, de alguna manera, que lo noten o me lo digan. Estoy muy pendiente de estos reconocimientos, que pueden venir por mi parte o por parte de otros. Es justamente lo que nunca tuve hasta quizás los catorce años. Me viene a la cabeza que por quien lo experimenté por primera vez fue por Cristina. Yo sentí realmente que le gustaba y yo empecé a creer un poco en mí.

He de conseguir controlar las ráfagas de mal humor o no cogerme las cosas de manera personal. Creo que eso me viene de mi padre. A menudo se enfadaba y podía pasarse días malhumorado y sin hablar; era muy desagradable y a nosotros nos angustiaba. Los cambios de humor que sufro quizás son del patrón de mi padre y lo tengo que trabajar. El hecho de cogerme las cosas como un ataque personal también lo tengo que trabajar. Creo que tengo que escuchar más y escuchar lo que me dicen sin hacer interpretaciones de ningún tipo. Es importante este ejercicio. Es lo que más me cuesta por el gran ego que tengo. Lo que pienso hacer es escuchar con actitud, con ganas de oír lo que me quieren decir y, si puede ser, con cara afable y predispuesto a no hacer ningún juicio ni especulación, ni mucho menos sentir que lo que dicen va por mí. Hoy he empezado y me he sentido bien.

Otra cosa que he descubierto es la importancia de centrarme en una sola cosa, no estar haciendo una cosa y estar pensando en la que quiero hacer después o incluso en otras que quiero hacer más adelante. Hay que centrarse en lo que se está haciendo y, sobre todo, disfrutarlo. Muchas veces he hablado del presente. Ahora pienso en el presente, haciendo cualquier cosa, pequeña o grande, pero todas deben ser importantes y hechas lo mejor que pueda. La ansiedad que tengo en general también tengo que trabajarla: la ansiedad cuando como, la ansiedad cuando duermo porque no me duermo, la ansiedad con la puntualidad... Incluso jugando al golf tengo ansiedad por tirar, y a menudo no hago ni ensayos para no retrasar el juego. Eso me costará porque no sé cuál es el mecanismo que me puede ayudar; lo investigaré.

★★★

Hoy he vivido algunas lecciones de vida. Un ejemplo de un chico que va a pedir trabajo a un empresario me ha hecho reflexionar. El chico le dice: «Me gustaría trabajar en esta empresa tan grande». El empresario revisa su CV y dice: «¡Caray…, es excelente! Pero también quiero hacerte una pregunta: ¿de qué trabaja tu padre?». El chico responde: «Es herrero». El empresario le pregunta: «¿Lo has ayudado nunca?». El chico responde: «No». El empresario le dice: «Ve a ver sus manos y vuelve a decirme cómo las has visto». El chico fue a casa y pidió a su padre que le enseñara las manos. El chico observó unas manos llenas de durezas y de cicatrices. Una vez delante del empresario y tras explicar cómo eran las manos de su padre, el señor le pregunta al chico: «¿Qué has aprendido de lo que has visto?». El chico le dice que se ha dado cuenta de que él ha podido estudiar y tener la vida que ha tenido gracias al esfuerzo de su padre y que nunca lo había valorado. Entonces, el señor le dijo: «Este es el tipo de persona que quiero en mi empresa y, por lo tanto, aquí tienes un puesto de trabajo».

Unas líneas más arriba os decía que mi mal humor quizá venía de mi padre, pero no he sido capaz de valorar quién soy hoy y por qué. Con toda seguridad, soy y he tenido una vida fantástica también gracias a su sacrificio, su bondad, su honradez y humildad. Por lo tanto, ¡GRACIAS, PAPÁ!

También, como lecciones, hoy me han llegado cinco consejos para ser feliz:

Superar las heridas del pasado.

Tener una visión positiva de ti mismo y de las cosas.

Tener una voluntad de hierro.

Tener conexión entre el corazón y la cabeza.

Tener un proyecto de vida, un programa personal, basado en el amor, la cultura, el trabajo y la amistad.

La amistad es algo que me inquieta. He dicho muchas veces que tengo pocos amigos, y coincidiendo con este quinto punto, he podido averiguar en lo referente a la amistad lo siguiente:

La amistad es DAR... es CONFIDENCIA... es RECI-PROCIDAD.

Epílogo

Hoy he tenido una experiencia fantástica. He estado mirando *reels* con el móvil y, curiosamente, me han ido saliendo cosas que tienen impacto en mi vida. Esto no sería una sorpresa, sino casualidad, pero el caso es que salían seguidas y sincronizadas, muy enlazadas con lo que sentía en ese momento. Me explicaré mejor.

Pensaba en alguna característica de cómo soy a nivel personal y aparecía una historia con la que yo me identificaba muchísimo; explicaré algunas.

La primera ha sido la historia del burro y el tigre. Un burro le dice a un tigre: «El césped es azul». El tigre le responde: «No, es verde». El burro se enfada y va a consultar al león y el león le responde: «Sí, el césped es azul». El burro le pide al león: «¡Castiga al tigre!». El león castiga al tigre a dos días sin comer y el tigre, confundido, le pregunta al león: «¿Por qué me castigas cuando tú mismo me dices que el césped es verde?». Y el león responde: «Te castigo porque parece mentira que un tigre inteligente como tú entre a discutir con un burro que siempre quiere tener razón». Eso me pasa con algunas personas o con conversaciones que a veces acaban en discusiones absurdas.

De golpe, ha aparecido una historia de un empresario que va a una tienda y no lo atienden porque los dependientes están hablando de sus cosas, va a poner gasolina y no puede pagar porque las personas del mostrador están entretenidas con el móvil y les es indiferente que haya alguien esperando, va a un restaurante y el camarero no lo saluda, tarda en ir a tomar el pedido y se equivoca a la hora de cobrar. Cuando lo explica en casa, su mujer se enorgullece de su marido ya que, aunque tenía motivos, había reaccionado sin enfadarse, demostrando mucha paciencia; pero él le responde: «No es así; lo que me ha pasado es que me he dado cuenta de que que yo era el cliente de esos establecimientos y tengo la opción de no volver; no soy yo quien sale perdiendo». Yo que trabajo en el ámbito de los servicios tengo muy claro que el cliente es quien agradece el trabajo bien hecho o prescinde de nuestros servicios.

Ya sabéis que me interesa mucho conocerme desde mi interior y, mientras pensaba en eso, en la pantalla ha llegado un cuestionario que me pedía si prefería que me valoren por cómo soy o por lo que he conseguido. Claramente, por cómo soy.

A continuación he leído la frase «el valor de hacer las cosas es igual al conocimiento más la actitud», y me he sentido muy identificado.

Relacionado con la amistad, otro *reel* explicaba la teoría de las personas hoja, las personas rama y las personas raíz, destacando que las personas raíz son las de verdad y para siempre. Hace unos días os decía que yo no tengo más de cuatro amigos, y ahora os digo que realmente son personas «raíz» para mí.

También ha habido un momento para la emoción, un momento que ha provocado que se me llenaran los ojos de lágrimas; sentir la canción de «Ladies in Red», la preferida de mi hijo Edu, ha hecho aflorar muchos sentimientos.

Algo similar le debió pasar a Kevin Costner cuando, por sorpresa, le hicieron un homenaje a Whitney Houston. La cara del actor mostraba una emoción que me recordó a mí cuando pienso en todas aquellas personas que amo y que no están aquí con nosotros.

Otra de las cosas que también me ha impactado ha sido que en estos momentos de mi vida, donde me estoy planteando eliminar algunos compromisos económicos que tengo, me haya aparecido en pantalla el consejo de un entendido que recomienda no precipitarse con las decisiones y que antes de cancelar nada dejemos fluir las cosas, que vayan a su ritmo.

Podría describir muchas otras cosas menores que he vivido en esta hora intensa de *reels* con relación a mí, con el momento que vivo y con mis emociones, pero quiero destacar la mejor y definitiva, la que para mí es la clave de todo. El amor es lo opuesto al miedo, es lo que hace que te sientas bien contigo mismo, con los demás y con todo lo que hagas con conciencia.

Pasada esta hora me he sentido bien y me he sentido yo mismo, y me he dicho: «Quiero ser el Josep de la boda de Agus, el Josep de las emociones que sentí aquel día, el Josep que fue feliz de compartir aquel tiempo tan especial con la familia y la gente que amo, el Josep que vivió y percibió un momento único e irrepetible en mi vida».

Desde que empecé a escribir hasta hoy, no he dejado de trabajar en conocerme a mí mismo con la idea de cambiar

todas aquellas cosas que me hacen sentir incómodo, de mi comportamiento, de mis reacciones y de mi actitud del día a día.

Rodearme de gente sana lo hará todo más llano y valorar-
me más también me ayudará a resolver inseguridades y dudas,
en definitiva, a sentirme más fuerte.

La gestión del tiempo también es clave para aspirar a hacer
todo lo que quiero y deseo.

A nivel de resumen, mis recetas son:

- No reaccionar con las emociones
- No tomarme nada personal
- Tener paciencia, nada de inmediatez
- Dejar que las cosas pasen
- No querer que los demás piensen como yo
- No especular
- No quejarme
- Escuchar
- Ser amable
- Ser perseverante
- Recordar que la amistad y las relaciones son funda-
mentales
- Tener presente que la sonrisa es vital y energética
- No olvidar que el amor es imprescindible

Llego al final de este libro. Mi intención ha sido aprender
y corregirme. Me gustaría que todo el mundo, cuando lo lea,

me conozca un poco mejor. No pretendo dar lecciones a nadie, pero sí me sentiré satisfecho si le es útil a alguien para reflexionar.

Espero que mi vida y la vuestra sigan un tiempo más. Yo me lo tomo como que nunca se acaba de alcanzar nada, todo es siempre continuo. Seguiré cayendo, pero... ¡me seguiré levantando!

Os quiero.